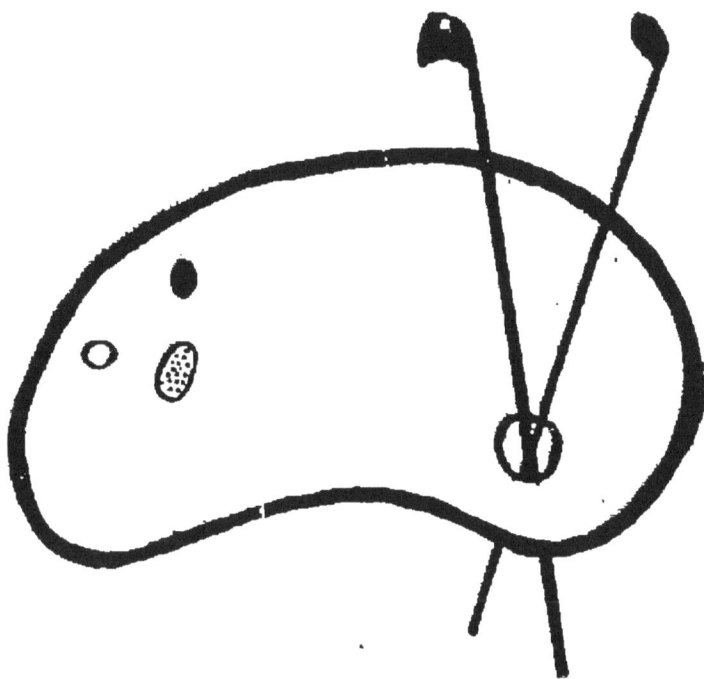

DEBUT D'UNE SERIE DE DOCUMENTS
EN COULEUR

LA LÉGISLATION NOUVELLE

SUR

LES SOCIÉTÉS

LOI DU 1er AOUT 1893

COMMENTAIRE THÉORIQUE ET PRATIQUE

PAR

AR. BOUVIER BANGILLON

PROFESSEUR DE DROIT COMMERCIAL A LA FACULTÉ DE DROIT D'AIX
ET A LA FACULTÉ DES SCIENCES DE MARSEILLE

PARIS

LIBRAIRIE
DU RECUEIL GÉNÉRAL DES LOIS ET DES ARRÊTS
ET DU JOURNAL DU PALAIS

L. LAROSE, ÉDITEUR
22, RUE SOUFFLOT, 22
1894

JOURNAL DES SOCIÉTÉS CIVILES ET COMMERCIALES

FRANÇAISES ET ÉTRANGÈRES

Revue de Jurisprudence, de Doctrine et de Législation

PUBLIÉE PAR MM.

A. LEDRU, avocat à Versailles, docteur en droit; — C. HOUPIN, principal clerc de notaire, à Paris, auteur du *Traité des Sociétés par actions*; — F. WORMS, Avocat à la Cour de Paris.

Prix de l'abonnement annuel :

Pour la France : **12** francs. — Pour les autres pays : les frais de port en sus.

Le Journal paraît tous les mois par livraison.

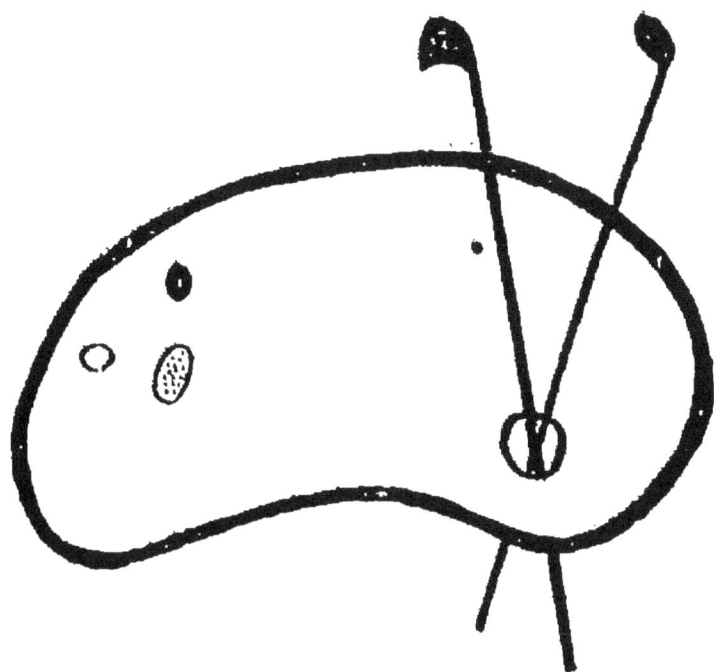

FIN D'UNE SÉRIE DE DOCUMENTS
EN COULEUR

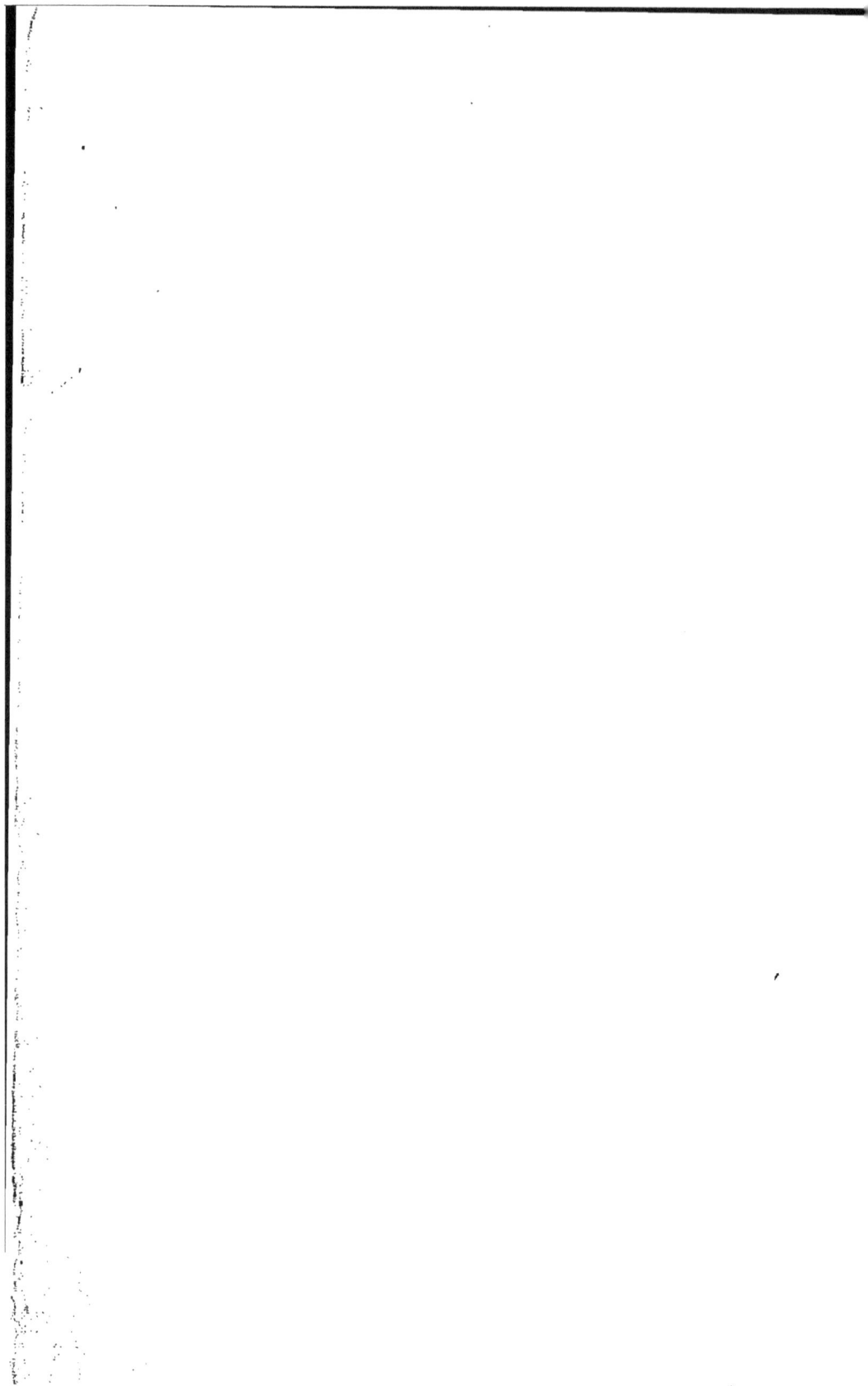

LA LÉGISLATION NOUVELLE

SUR

LES SOCIÉTÉS

LOI DU 1er AOUT 1893

COMMENTAIRE THÉORIQUE ET PRATIQUE

IMPRIMERIE
CONTANT-LAGUERRE

BAR LE DUC

LA LÉGISLATION NOUVELLE

SUR

LES SOCIÉTÉS

LOI DU 1er AOUT 1893

COMMENTAIRE THÉORIQUE ET PRATIQUE

PAR

AR. BOUVIER BANGILLON

PROFESSEUR DE DROIT COMMERCIAL A LA FACULTÉ DE DROIT D'AIX
ET A LA FACULTÉ DES SCIENCES DE MARSEILLE

PARIS

LIBRAIRIE
DU RECUEIL GÉNÉRAL DES LOIS ET DES ARRÊTS
ET DU JOURNAL DU PALAIS

L. LAROSE, ÉDITEUR
22, RUE SOUFFLOT, 22
1894

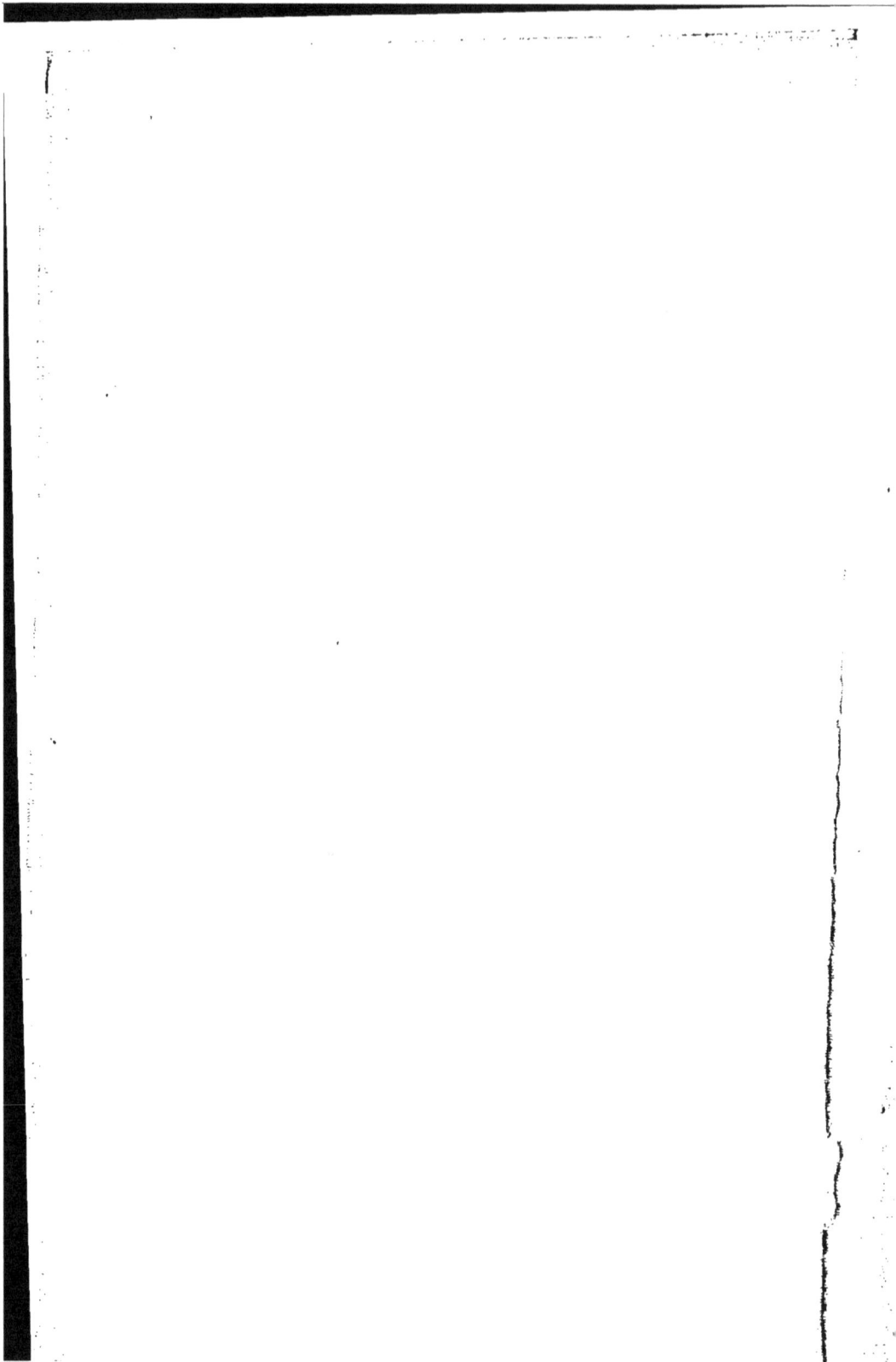

INTRODUCTION.

L'article 1832 du Code civil définit la société :
« La société est un contrat par lequel deux ou plu-
« sieurs personnes conviennent de mettre quelque
« chose en commun, dans la vue de partager le béné-
« fice qui pourra en résulter. »

Cette définition est vraie en droit commercial comme
en droit civil. En effet, le droit civil et le droit commercial ne sont pas deux droits parallèles, indépendants l'un de l'autre. Le droit civil est le droit
commun; le droit commercial, un droit spécial et
exceptionnel.

La loi commerciale nous présente différents types
de sociétés : la société en nom collectif, la société en
commandite, la société anonyme, la société à capital
variable, l'association en participation.

La société en nom collectif offre deux caractères :
1° Solidarité des engagements des associés: chacun
est tenu pour le tout des dettes sociales et sur tout

B.   1

son patrimoine comme s'il était seul. 2° Raison sociale;
le nom de la société est formé des noms de tous les
associés, sauf à les remplacer, lorsqu'ils sont trop
nombreux, par l'expression abrégée « et compagnie »
(art. 20 et 22, C. comm.).

Ces deux caractères dépendent l'un de l'autre. Les
associés étant tenus solidairement des dettes sociales,
on comprend l'intérêt que peuvent avoir les tiers à
connaître les associés, les responsables, par le seul
vocable de la société.

La société en nom collectif est le type des sociétés
de personnes tandis que la société anonyme est le type
des sociétés de capitaux.

La société en commandite est une combinaison de
la société de personnes et de la société de capitaux.
On y trouve deux espèces d'associés; les commandités, qui représentent l'élément et la responsabilité
personnelles, tenus *in infinitum* des dettes sociales et
solidairement s'ils sont plusieurs, ce qui n'est pas
indispensable; les commanditaires ou bailleurs de
fonds, tenus seulement sur et jusqu'à concurrence de
leurs mises, ou capitaux engagés.

D'après notre explication de la raison sociale dans
la société en nom collectif, on voit que la société en
commandite a une raison sociale, mais qui comprend
les noms des associés commandités à l'exclusion des
commanditaires (art. 23, 25, 26, C. comm.).

Il existe deux variétés de la société en commandite :
la commandite simple ou par intérêt et la commandite par actions. Ces deux variétés ont des caractères
communs, de telle sorte qu'on peut les considérer
comme deux rameaux détachés du même tronc; cependant la commandite par actions se caractérise par de
telles singularités qu'on est presque tenté d'y voir
une sorte de société distincte.

Qu'entend-on par intérêt, par action? L'intérêt et l'action expriment toujours le droit acquis par un associé en échange de son apport, droit à une part de bénéfice tant que la société dure, droit à une partie de l'actif social, après la dissolution de la société. Mais à côté de cette ressemblance, que de différences entre l'intérêt et l'action! Quel est alors le critérium qui permet de les reconnaître?

Sur ce point, très vive controverse. Nous croyons que l'intérêt exprime le droit de l'associé, lorsqu'il n'est pas normalement transmissible, lorsque les rapports sociaux ont été considérés comme devant normalement rester concentrés entre les associés primitifs. Il y aurait action, au contraire, lorsque le droit de l'associé est considéré comme normalement transmissible. En d'autres termes, la commandite est toujours une association mixte de personnes et de capitaux. Suivant l'expression d'un auteur, à côté de l'*intuitus personæ* se trouve l'*intuitus pecuniæ*. Mais dans la commandite par intérêt on n'a pas tiré la conséquence logique de cette idée. Malgré cet *intuitus pecuniæ*, on n'admet pas le remplacement d'un associé par un autre. Dans la commandite par actions on admet ce remplacement; du moment où il y a *intuitus pecuniæ*, qu'importe telle ou telle *pecunia*?

La société anonyme est en quelque sorte le prolongement extrême de la commandite. La société, au début, exclusivement une société de personnes, est devenue ici exclusivement une société de capitaux. Dans la société anonyme, les créanciers sociaux ont simplement pour gage le fonds social, les mises, les capitaux engagés. S'il est vrai que dans la société en commandite on puisse dire que les commandités sont des associés en nom collectif (art. 24, C. comm.) on peut dire avec une égale vérité que dans la société anonyme tous les associés, au point de vue de leur responsabilité, sont des commanditaires. Il résulte de là que la société anonyme n'a pas de raison sociale. Elle a cependant un nom; elle est désignée par l'objet de son entreprise. — *Sic,* la compagnie des chemins de fer Paris-Lyon-Méditerranée (art. 33, 29, 30, C. comm.).

Existe-t-il pour la société anonyme deux variétés comme pour la commandite? La question est controversée. Nous croyons que la société anonyme se divise toujours en actions.

La société à capital variable n'est pas une sorte particulière de société. C'est une modification des types précédents. En quoi consiste au juste la modification? La société à capital variable offre ce caractère spécial que le capital social n'y est pas fixé d'une façon ferme et définitive, mais est susceptible d'une part d'augmentation, soit par des versements faits par des associés anciens, soit par l'admission d'associés nouveaux, d'autre part de diminution soit par suite de reprise totale ou partielle des apports, soit par la retraite des associés. Ce caractère spécial qui s'explique par l'origine de cette société lui donne une physionomie particulière et entraîne des déviations importantes aux principes généraux.

La nature de l'association en participation est discutée. On admet généralement, en s'appuyant sur l'opinion de nos anciens auteurs français, Pothier, Jousse, Savary, que l'association en participation présente ce trait distinctif d'être tout interne, de n'exister que dans les rapports des associés entre eux, d'être à l'égard des tiers comme si elle n'existait pas.

Ces quelques points rappelés, indiquons très rapidement les documents législatifs en notre matière. Nous laissons de côté le droit civil qui, par ses articles 1832 à 1873, règle les sociétés civiles et à moins de dérogation les sociétés de commerce, pour nous occuper uniquement de la législation commerciale. Le droit commercial, toujours si riche et si mobile, l'est particulièrement ici. Il s'est, en effet, trouvé entre deux idées et deux écueils. D'une part, il veut défendre les intérêts de l'épargne et empêcher qu'elle ne soit trompée par des manœuvres inavouables, d'où des formalités protectrices. De l'autre, il doit prendre garde de décourager la spéculation honnête par l'exagération de ces formalités. Notons en passant que des différents types indiqués plus haut, la commandite par actions et la société anonyme devaient attirer tout spécialement l'attention du législateur, soit à cause des dangers particuliers que présente le caractère circulant de l'action, soit à cause de l'importance particulière des sociétés par actions, qui se prêtent merveilleusement aux grandes entreprises par les capitaux considérables qu'elles permettent de réunir.

Le Code de commerce de 1807 avait consacré aux sociétés les articles 18 à 64. Il avait compris les dangers de la société anonyme, société exclusivement de capitaux, et déclarait dans son article 37 qu'elle ne pouvait exister qu'avec l'autorisation gouvernementale. La société en commandite, vu son caractère mixte, et la responsabilité personnelle qu'elle suppose, ne paraissait pas offrir les mêmes dangers; d'où elle n'avait pas besoin d'autorisation gouvernementale, et en ce qui concerne la commandite par actions, l'article 38 se bornait à constater la possibilité de cette combinaison, « sans « aucune dérogation aux règles établies pour ce genre « de société (société en commandite). » Il arriva que des spéculateurs peu scrupuleux, pour éviter l'autorisation gouvernementale, ou plutôt pour n'être pas obligés de la demander, se lancèrent dans la commandite par actions. En présence des abus constatés, le législateur intervint par une loi du 17 juillet 1856, régulatrice de la commandite par actions. On trouva ensuite que la loi de 1856 était trop rigoureuse, trop contraire aux intérêts légitimes de la spéculation. Vers le même moment, on commençait à considérer que la nécessité d'une autorisation gouvernementale pour la société anonyme était exagérée. Un premier pas vers un régime plus libéral avait été fait par la loi du 23 mai 1863 sur les sociétés à responsabilité limitée. De toutes ces idées devait sortir la loi du 24 juillet 1867 qui abolit la loi de 1856, la loi de 1863, la nécessité de l'autorisation gouvernementale pour les sociétés anonymes et qui est encore aujourd'hui le document législatif fondamental en notre matière.

Cette loi (cela est utile à dire), présentait 67 articles divisés en 5 titres : Titre I, Des sociétés en commandite par actions (art. 1 à 20); — Titre II, Des sociétés anonymes (art. 21 à 47); — Titre III, Dispositions particulières aux sociétés à capital variable (art. 48 à 54); — Titre IV, Dispositions relatives à la publication des actes de société (art. 55 à 65); — Titre V, Des tontines et des sociétés d'assurances (art. 66 et 67).

La loi de 1867 ne devait pas être la dernière. Pendant longtemps on réclama sa révision. Une commission extraparlementaire fut nommée vers 1875 mais ne présenta aucun projet de réforme. En 1883 la faillite de l'Union générale et les désastres financiers qu'elle entraîna, amenèrent la création d'une nouvelle commission extraparlementaire. Un projet sorti de ses délibérations fut adopté avec modifications par le Sénat dans la séance du 29 novembre 1884. Ce projet du Sénat, fort important (112 articles) a bien été soumis à la Chambre et ce pendant deux législatures, mais n'est jamais venu en discussion. Sur ces entrefaites, les pouvoirs publics sous la pression de l'opinion se décidèrent à faire quelque chose (de nouveaux désastres financiers venaient d'avoir lieu). La Chambre des députés, presqu'au terme de son mandat, vota quelques articles qui, adoptés par le Sénat, devinrent la loi du 1er août 1893.

La commission de la Chambre des députés avait eu comme éléments de travail : d'abord le projet de loi adopté par le Sénat en 1881, puis une proposition de loi de M. Thellier de Poncheville sur les sociétés civiles par actions, une proposition de M. Georges Graux ayant pour objet de modifier les articles 1 à 27 de la loi du 24 juillet 1867 et de faciliter la participation aux bénéfices, une autre proposition de M. Thellier de Poncheville, qui n'est que la réunion des deux précédentes, enfin les vœux importants émis par le congrès international des sociétés par actions qui s'était réuni en 1889.

La loi du 1er août 1893 n'a pas la prétention d'être le moule définitif et complet de la législation française sur les sociétés. Nous n'en voulons pour preuve que les paroles de M. Thévenet, rapporteur au Sénat de la proposition de loi admise par la Chambre des députés. « Votre commission a pensé que ce projet devait « être considéré comme la préface de la réforme géné- « rale des sociétés; elle l'a examiné en lui maintenant « ce caractère et en se préoccupant surtout de l'ur- « gence qu'il présentait. »

La loi nouvelle est intitulée : « Loi portant modifica- « tion de la loi du 24 juillet 1867 sur les sociétés par « actions. » Elle se compose de 7 articles. Cinq de ces articles deviennent des parties intégrantes de la loi de 1867 qu'ils modifient. L'article 6 sous le titre « disposi- « tions diverses » ajoute quatre articles nouveaux (art. 68, 69, 70, 71), à la loi de 1867. Le septième et dernier article est consacré à des dispositions transitoires.

Comme on va le voir, l'article 71 n'aurait pas dû être ajouté à la loi de 1867. Il ne constitue qu'une modification à l'article 50 et aurait dû y être inséré.

Voici notre plan pour l'étude de la loi de 1893.

PARTIE I. *Dispositions de la loi relatives aux sociétés en commandite et anonymes.*

PARTIE II. *Disposition relative à la société à capital variable.*

PARTIE III. *Disposition relative à toute espèce de société commerciale.*

PARTIE IV. *Disposition relative à toute espèce de société (civile ou commerciale).*

LA LÉGISLATION NOUVELLE

LES SOCIÉTÉS.

LOI DU 1er AOUT 1893.

COMMENTAIRE THÉORIQUE ET PRATIQUE.

PARTIE PREMIÈRE.

DISPOSITIONS DE LA LOI RELATIVES AUX SOCIÉTÉS EN COMMANDITE ET ANONYMES.

La loi de 1893 tranche tout d'abord une question controversée, préjudicielle en quelque sorte à l'étude des sociétés : quel est le critérium qui permet de reconnaître une société commerciale d'une société civile?

D'abord quel est l'intérêt de la question? Quel intérêt y a-t-il à distinguer la société de commerce de la société civile? Faisons abstraction de la loi de 1893.

Grandes sont les différences entre les deux espèces de sociétés :

1° D'abord au point de vue de la personnalité morale.

La société de commerce est très certainement une personne de création juridique, ne se confondant point avec les associés, ayant un patrimoine, des droits et des obligations distincts. Cette personnalité morale, incontestée pour la société de commerce, est au contraire fort discutée pour la société civile. Certains auteurs refusent sans distinction à la société civile la qualité de personne morale. D'autres auteurs (et des arrêts) lui accordent au contraire cette personnalité. (*Sic*, Cass., 23 févr. 1891, D. P. 1891, p. 1, p. 337. — Cass., 2 mars 1892, D. P. 1893, p. 1, p. 169.) — D'aucuns font des réserves. Ils reconnaissent la personnalité des sociétés de mines (art. 8 de la loi du 21 avril 1810), des sociétés à capital variable (à supposer question discutée qu'elles ne soient pas toujours des sociétés de commerce); enfin des sociétés civiles ayant adopté les formes commerciales.

Évidemment, il est une société qui, par la force même des choses, ne jouit pas de la personnalité; c'est l'association en participation, à cause de son caractère tout interne : *prius est esse quam esse tale.*

Principales conséquences de la personnalité morale :

a) Simple droit de créance appartenant aux associés tant que dure la société. Ils ne sont pas copropriétaires du fonds social; *b*) nature mobilière du droit des associés, tant que la société dure quand bien même la société serait propriétaire d'immeubles; *c*) affectation spéciale du fonds social à l'acquittement des dettes sociales; *d*) impossibilité de compensation légale, si on suppose la société débitrice d'un tiers dont un des associés serait personnellement créancier et *vice versa.*

2° La société commerciale est non seulement une personne mais une personne commerçante. La société civile, fût-elle une personne, n'est pas un commerçant.

D'où il résulte : *a*) que la société de commerce est obligée de tenir des livres dans les termes des articles 8 et suivants du Code de commerce; *b*) que la société de commerce en état de cessation de paiements est soumise au régime de la faillite ou de la liquidation judiciaire; *c*) application de la théorie de l'accessoire : les actes faits par un commerçant, pour les besoins de son commerce, sont actes de commerce par accessoire quand bien même étudiée intrinsèquement leur nature serait civile; *d*) application de la commercialité présumée des obligations : les actes faits par un commerçant sont présumés se référer à son commerce, donc être commerciaux. *Præsumptio sumitur de eo quod plerumque fit.*

Il faut avoir soin de ne pas commettre une confusion qui se produit assez souvent même chez d'excellents auteurs. La compétence des tribunaux de commerce n'est pas du tout une conséquence de la qualité de commerçant; c'est une conséquence de l'acte de commerce, quel que soit son auteur. Ce qui est vrai c'est que les actes faits par les commerçants seront le plus souvent commerciaux et par conséquent de la compétence des tribunaux de commerce.

3° Les sociétés de commerce, autres que les participations, sont soumises à des formalités de publicité; publicité de leurs statuts ou des modifications à leurs statuts : *contra* les sociétés civiles.

4° Les contestations entre associés sont, lorsqu'il s'agit d'une société de commerce, de la compétence des tribunaux de commerce, parce que leurs obligations ont le caractère commercial. Il en est différemment dans une société civile.

5° Les actions des créanciers sociaux contre les associés sont, dans les sociétés civiles, soumises à la prescription de trente ans. Dans les sociétés commerciales ou plutôt dans quelques-unes, les actions se prescrivent par cinq ans à compter de la dissolution de la société (art. 64, C. comm.).

6° Dans les sociétés civiles, chaque associé est tenu envers les créanciers sociaux sur tout son patrimoine, mais dans les limites d'une part virile (art. 1862, C. civ.). Dans les sociétés de commerce, il faut faire des distinctions. Dans la société en nom collectif, solidarité des associés. Dans la société en commandite, différence notable entre les commandités et les commanditaires, les uns tenus jusqu'à concurrence de leurs apports, les autres tenus personnellement et solidairement. Dans la société anonyme, les apports répondent seuls des dettes sociales.

Les différences entre la société de commerce et la société civile sont donc nettes, bien que quelques-unes soient discutées. Mais nous avons une situation intermédiaire assez difficile à bien connaître; il s'agit des sociétés civiles à formes commerciales.

Tout d'abord on pourrait se demander, et on s'est demandé si la société civile pouvait adopter les formes commerciales.

Mais cette difficulté ne nous intéresse plus, la loi de 1893, comme nous le verrons dans un instant, empêchant toute discussion sur ce point.

Étant admis que la société civile peut adopter les formes commerciales, quelles vont être les conséquences de cette adoption? Évidemment il se produit une certaine assimilation entre la société de commerce et la société civile à formes commerciales, mais jusqu'à quel point?

Il est généralement reconnu que la société civile qui a pris les formes commerciales reste société civile (c'est un véritable *postulatum*, mais nous allons revenir sur ce point). D'où on ne peut l'assimiler à un commerçant, ni au point de vue de l'obligation de tenir les livres, ni en ce qui touche la faillite ou la liquidation judiciaire, la théorie de l'accessoire, la commercialité présumée des obligations. De même, les contestations entre associés sont de la compétence du tribunal civil.

On décide aussi qu'il faut s'attacher à la forme adoptée pour connaître la situation des associés vis-à-vis des tiers. C'est même cette idée que des associés peuvent, en adoptant certaines formes, limiter leur responsabilité à leurs apports, qui leur fait refuser par certains auteurs la faculté de donner à leur société civile la forme commerciale.

Il doit être reçu, sans conteste, que les sociétés civiles à formes commerciales sont obligées de se conformer à la publicité organisée par la loi de 1867.

A côté de ces points plus ou moins incontestables, il en est qui sont très fortement controversés. Les voici :

La société civile à formes commerciales constitue-t-elle une personne morale?

Les sociétés civiles anonymes ou en commandite par actions doivent-elles obéir, pour leur constitution et leur fonctionnement, aux nombreuses dispositions restrictives de la loi de 1867?

La prescription quinquennale de l'article 64 du Code de commerce s'applique-t-elle à la société civile à formes commerciales ou est-ce la prescription de trente ans?

La situation des sociétés civiles à formes commerciales, telle que nous l'avons indiquée, suppose que les formes commerciales ne font pas la société de commerce. C'était, tout à l'heure, un véritable *postulatum*. Mais nous abordons la question immédiatement, en laissant encore de côté la loi de 1893. .

A quoi reconnaît-on la société civile et la société de commerce? Jusqu'en 1893, le législateur français avait refusé de se prononcer.

Faut-il dire que l'on doit s'attacher à la qualification

donnée par les parties à la société qu'elles ont créée?
Doit-on s'attacher à la forme de telle sorte que toute
société ayant une forme commerciale soit société de
commerce?

Remarquons tout d'abord que deux questions se
trouvent ici intimement liées, la question de société
commerciale et la question de commerçant; la société
de commerce, personne morale, est nécessairement
un commerçant. Peut-on faire un commerçant par
la seule volonté? Certainement non; ce serait contraire
à l'article 6 du Code civil. La qualité de commerçant
emporte des conséquences (notamment la faillite) qui
doivent être considérées comme touchant à l'ordre
public. La volonté des parties ne peut donc faire une
société de commerce. Cette décision suffit pour ruiner
les deux systèmes exposés plus haut; en effet, l'adoption
des formes n'est autre chose que la manifestation de
la volonté des particuliers.

Tout ce développement amène à l'indication du
critérium adopté généralement par les auteurs et la
jurisprudence. C'est à l'objet, à la nature des opérations de la société qu'il faut s'attacher. Les opérations
faites habituellement par une société sont-elles civiles,
la société est civile; sont-elles commerciales, la société
est commerciale. Le commerçant n'est-il pas l'individu
qui fait des actes de commerce sa profession habituelle?
Et la société de commerce n'est-elle pas toujours un
commerçant?

Ce système est celui de divers Codes étrangers. La
loi belge du 18 mai 1873, qui a refondu le titre du
Code de commerce relatif aux sociétés, déclare dans
son article 1er : « Les sociétés de commerce sont celles
« qui ont pour objet des actes de commerce. »

Ce système a été profondément bouleversé par la loi
de 1893 dans l'article 6.

« Art. 6. Sont ajoutées à la loi (de 1867) les disposi-
« tions suivantes :

DISPOSITIONS DIVERSES.

« Art. 68. Quel que soit leur objet, les sociétés en
« commandite ou anonymes qui seront constituées
« dans les formes du Code de commerce ou de la pré-
« sente loi seront commerciales et soumises aux lois et
« usages du commerce. »

Il résulte de ce texte : d'abord qu'il n'est plus discutable qu'une société quel que soit son objet puisse
adopter les formes commerciales, ensuite que l'ancien
critérium (généralement admis), qui permettait de
reconnaître la société commerciale de la société civile,
est en partie détruit.

A noter avant d'aller plus loin que le texte de la loi
nouvelle est beaucoup plus radical que le projet voté
par le Sénat en 1884. Article 108 du projet : « Les
« sociétés civiles qui divisent leur capital en actions doi-
« vent se conformer aux prescriptions de la présente loi
« (c'est-à-dire de la loi sur les sociétés par actions) sous
« les mêmes sanctions civiles ou pénales. »

De même la proposition de M. Thellier de Poncheville
sur les sociétés par actions, portait simplement : « Les
« sociétés civiles peuvent se constituer sous la forme de
« sociétés en commandite par actions ou de sociétés
« anonymes, avec les conséquences que ces formes
« entraînent mais sans perdre leur caractère civil. Elles
« doivent en ce cas se conformer aux prescriptions de
« la loi du 24 juillet 1867 sous les mêmes sanctions
« civiles et pénales. »

Pourquoi cette décision radicale de la loi nouvelle?

Au congrès international des sociétés par actions de

1889, le savant professeur de la Faculté de droit de Paris, M. Lyon-Caen, appelait de tous ses vœux une modification de la législation dans le sens où s'est prononcée la loi nouvelle. Le critérium communément adopté pour reconnaître la société commerciale de la société civile est très délicat; la distinction entre les actes civils et les actes de commerce n'est pas toujours très nette. N'a-t-on pas vu récemment pour une seule et même société, la Société du canal interocéanique de Panama, deux juridictions se trouver en désaccord; l'une lui attribuant le caractère civil, l'autre le caractère de société de commerce?

Dans son rapport à la Chambre des députés, M. Clausel de Coussergues signale les incertitudes et les incohérences de la jurisprudence au sujet de la situation des sociétés civiles à formes commerciales et ajoute : « Il y a là, suivant l'expression de l'auteur de la pro-« position (M. Thellier de Poncheville) des incertitudes « et des incohérences qu'il faut faire cesser.

« Dans ce but, il propose de dire que les sociétés « civiles peuvent se constituer en sociétés par actions, « avec les conséquences que ces formes entraînent, « mais *sans perdre leur caractère civil*.

« Nous n'avons pas cru devoir admettre la restriction « résultant de ce dernier membre de phrase.

« *Sans perdre leur caractère civil* veut dire : Sans être « assujetties à une tenue de livres, sans être soumises « à la juridiction commerciale et sans être passibles « de déclaration de faillite, c'est-à-dire qu'elles joui-« raient des bénéfices de la loi commerciale sans en « subir les charges; — civiles par leur objet, elles au-« raient les immunités de la loi civile; et commerciales « par leur forme, elles profiteraient des avantages de « la loi commerciale.

« Mais où serait la garantie des tiers?

« Il faut choisir :

« Être société civile, ou être société commerciale ;

« Être régi par une loi, ou être régi par une autre,
« avec les bénéfices et les charges respectifs de l'une ou
« de l'autre ;

« Ou rester sous l'empire de la loi purement civile,
« avec la garantie pour les tiers de la responsabilité
« individuelle des associés ;

« Ou bénéficier de la limitation des pertes aux apports
« déterminés, mais sous les garanties correspondantes,
« — de la juridiction commerciale, avec sa célérité et
« son économie, — de la tenue des livres, contrôle
« nécessaire des opérations et de l'emploi fait du fonds
« social, — enfin, de la déclaration de faillite, avec
« ses sanctions contre les détournements ou les dissipa-
« tions, ses règles protectrices de l'égalité entre créan-
« ciers, l'économie et la promptitude de la réalisation
« et de la répartition de l'actif.

« Le crédit même des sociétés est à ce prix.

« En conséquence, nous vous proposons de dire,
« d'une manière générale, que, quel que soit leur objet,
« les sociétés en commandite ou anonymes, constituées
« dans les formes du Code de commerce, ou de la loi
« sur les sociétés par actions, sont commerciales et
« soumises aux lois et usages du commerce. »

Jusqu'à présent le législateur de 1893 s'est donc proposé un triple but : 1° Établir un critérium plus simple
des sociétés civiles ou commerciales ; 2° supprimer les
difficultés auxquelles la jurisprudence se trouvait en
butte pour déterminer la situation des sociétés civiles à
formes commerciales ; 3° soumettre ces sociétés à la
tenue des livres, à la juridiction commerciale et à la
faillite.

La loi nouvelle ne passa du reste pas en ce qui concerne le nouvel article 68, sans une très vive discussion

qui s'engagea entre le rapporteur du Sénat, M. Thévenel, et M. Bardoux, partisan de l'ancien texte voté par le Sénat en 1884.

La lutte porta d'abord sur la compétence commerciale.

« Quel intérêt peut-il y avoir, dit M. Bardoux, à « rendre le tribunal de commerce compétent en matière « de sociétés civiles, quand elles ont revêtu la forme de « sociétés commerciales.

« La disposition proposée n'est pas nouvelle; elle a « été empruntée à la législation allemande. La loi alle-« mande du 11 juin 1870, contient en effet les deux « articles que voici :

« La société en commandite par actions est considérée « comme société commerciale alors même que l'objet « n'aurait rien de commercial.

« La société anonyme est considérée comme société « commerciale, même quand son objet ne consiste pas « en actes de commerce.

« Mais y a-t-il un rapprochement possible entre l'or-« ganisation de la justice allemande en semblable ma-« tière et la nôtre? Il n'y en a pas.

« En effet, comment la juridiction commerciale est-« elle constituée en Allemagne? Il n'y a pas de tribunaux « de commerce ; il y a un tribunal central ou régional « composé de trois sections : la section civile, qui corres-« pond à notre tribunal civil; la section criminelle, qui « correspond à notre tribunal correctionnel, et enfin « la section commerciale.

« Cette section commerciale est composée de juges, de « magistrats de carrière; ces magistrats ont la faculté, « il est vrai, de s'adjoindre, quand ils le jugent conve-« nable, des négociants; mais ces négociants désignés « par les magistrats, doivent être investis par l'auto-« rité souveraine.

« Permettez-moi de le demander, messieurs; en
« dehors de Paris où, je le reconnais, des présidents
« distingués, des juges de section expérimentés se sont
« toujours rencontrés; en dehors de quelques grands
« tribunaux de province, pouvons-nous trouver pour
« juger ces questions si difficiles et si complexes des
« sociétés civiles revêtues de forme commerciale, qui
« donnent lieu à l'examen de questions si délicates,
« est-ce que nous pouvons avoir toutes les garanties que
« nous rencontrerions devant les tribunaux civils? Ce
« point mérite d'être examiné. Je fais appel à vos sou-
« venirs. Est-ce que vous ne savez pas que, la plupart
« du temps, les tribunaux de commerce ont toutes les
« peines du monde, en ce temps, pour se constituer?
« Est-ce que vous ne savez pas que, sur 2 ou 3,000 élec-
« teurs, il y en a à peine 150 ou 180 qui prennent part
« au scrutin?

« C'est à ce point que certains tribunaux de commerce
« ont été nommés à une majorité infinitésimale, et que
« nous avons été dans la nécessité nous-même de saisir
« le Sénat d'une réforme, de façon à venir en aide à des
« inconvénients tellement graves qu'ils peuvent com-
« promettre les intérêts les plus sacrés des justiciables.
« Et c'est dans ces conditions que vous voulez étendre
« la compétence des tribunaux de commerce? Je dis
« que jamais je ne serai partisan de l'extension de leur
« compétence. Je n'y trouve pas la sécurité, je n'y
« trouve pas la science; j'y trouve l'honnêteté, toutes
« les bonnes volontés possibles, mais ni le savoir, ni
« l'expérience, ni l'autorité qu'il faut pour juger de
« pareilles affaires. »

M. Thévenet répondit :

« Faut-il s'attacher à la question de juridiction? Je
« crois — qu'on me permette de le dire — que c'est

« prendre la question par son petit côté. Nous n'avons
« pas, ici, à comparer les deux juridictions, la juridic-
« tion consulaire et la juridiction ordinaire. Les magis-
« trats de l'ordre civil ont leurs mérites, les magistrats
« commerciaux ont le leur, et je suis convaincu, mes-
« sieurs, qu'une bonne justice est rendue des deux
« côtés.

« Par conséquent, je ne partage pas, sur ce point, les
« craintes de l'honorable M. Bardoux. D'ailleurs, en
« fait, est-ce que toutes les sociétés importantes de notre
« pays n'ont pas leur siège dans des grandes villes où,
« par conséquent, les tribunaux de commerce ne pré-
« sentent pas les inconvénients que signalait tout à
« l'heure à la tribune l'honorable M. Bardoux? Mais peu
« importe la question de compétence. Pourquoi? Parce
« que le juge d'appel est de nature à rassurer et à
« calmer toutes les craintes de notre honorable collè-
« gue; c'est la Cour d'appel qui est juge du second degré
« dans les deux cas.

« Par conséquent, si les parties ont été jugées comme
« elles n'auraient pas dû l'être en première instance par
« le tribunal de commerce, vous aurez la Cour d'appel,
« composée de vrais magistrats, c'est bien l'expression
« qui me paraît résumer la pensée de l'honorable M.
« Bardoux. Cela doit vous rassurer. Écartons donc la
« question de compétence. »

M. Thévenet, ce semble, aurait pu faire à M. Bardoux
une réponse plus topique. La compétence de la juridiction commerciale ne se trouve pas étendue autant qu'on
voudrait bien le dire. Elle n'embrasse, en plus qu'auparavant, que les contestations entre associés, et ces
contestations ont toujours le même caractère, que l'objet
de la société soit civil ou commercial. Quant aux contestations relatives aux opérations sociales, elles ne

seront ni plus ni moins qu'auparavant de la compétence
des tribunaux de commerce. En effet (voir *suprà*), la
compétence des tribunaux de commerce repose sur la
nature des actes, abstraction faite de leur auteur, et les
actes de l'ancienne société civile à formes commerciales,
dorénavant société de commerce en vertu de la loi de
1893, n'en resteront pas moins pour l'avenir des actes
civils.

Et la faillite!

Encore une objection de M. Bardoux :

« Vous voulez, comme conséquence de votre nouveau
« principe, pouvoir mettre les sociétés civiles revêtues
« de la forme commerciale en faillite. Pourquoi? On
« prétend qu'il y aura de sérieux avantages pour les
« créanciers à la mise en faillite des sociétés civiles, par
« la rapidité de la liquidation de l'actif.

« Mais, messieurs, permettez-moi de vous le dire,
« c'est une erreur.

« Qu'est-ce qui constitue, en effet, l'actif des sociétés
« civiles? Ce sont, le plus souvent, des immeubles, ce
« sont des quartiers de rues, des passages bâtis; vous en
« avez à Paris un grand nombre; vous en avez dans
« toutes nos grandes villes de France; ou bien ce sont
« des exploitations minières.

« Est-ce qu'avec cette célérité, cette rapidité, vous
« arriverez à liquider d'une façon convenable et utile
« pour les créanciers, les immeubles ainsi jetés sur le
« marché du soir au lendemain?

« Est-ce qu'il n'est pas préférable de laisser un liqui-
« dateur prendre le temps et les précautions qui lui
« paraîtront nécessaires pour arriver à vendre, à liqui-
« der, une situation si spéciale, si périlleuse, si délicate,
« si difficile? »

Encore une réponse de M. Thévenet :

« Reste la faillite dont on ne veut à aucun prix. Pour-
« quoi donc le Code de commerce en a-t-il formulé les
« règles avec autant de rigueur? Il l'a fait dans l'in-
« térêt des créanciers et pour maintenir entre eux l'é-
« galité; il a voulu instituer une sorte de liquidation
« à la fois rapide, peu coûteuse et impartiale, surtout
« impartiale.

« Cela est tellement vrai que les articles 446 et 447
« créent antérieurement à la faillite un état de suspi-
« cion qui s'appelle la cessation de paiement, dissimu-
« lée mais existant, néanmoins, et ces articles 446 et
« 447 frappent de nullité tous les actes intervenus
« dans cette période suspecte.

« N'est-il pas de l'intérêt des créanciers qu'ils soient
« tous traités sur le même pied, qu'il n'y ait de privi-
« lège pour personne et qu'il y ait en quelque sorte
« un niveau égalitaire qui passe sur tous leurs droits?
« Incontestablement oui.

« Donc, la faillite, — je le répète encore — est un
« mode de liquidation excellent et le meilleur de tous.
« Pour le démontrer, il suffit de le comparer au mode
« de liquidation qui a été adopté par notre Code civil.
« Ouvrez le Code de procédure. De l'article 656 à l'ar-
« ticle 672, vous y verrez les règles de ce qu'on appelle
« la contribution?

« Qu'est-ce que c'est que la contribution? C'est le
« mode de liquidation le plus vieux, le plus usé, le
« plus démodé et le plus coûteux qu'il soit; et permet-
« tez-moi d'invoquer une expérience qui m'est per-
« sonnelle. Quand j'étais clerc d'avoué, il m'est arrivé
« souvent de me livrer à ce travail des contributions,
« et j'avoue que c'était le plus laborieux, souvent le
« plus inutile et le plus coûteux pour les parties, qui
« puisse se rencontrer dans une étude d'avoué.

« Vous voyez que mon opinion est déjà ancienne.

« On le juge tellement hors d'usage qu'il est de
« pratique constante aujourd'hui dans beaucoup de
« tribunaux de remplacer la contribution par le sé-
« questre ou des liquidateurs.

« Voulez-vous me permettre de résumer cette procé-
« dure de la contribution ? Tout d'abord, elle n'est pas
« égale pour tous : *tarde venientibus ossa.*

« De tous les créanciers, c'est le plus diligent qui,
« dans une certaine mesure, emporte le prix de la
« course. Il fait des saisies-arrêts et s'il peut mettre la
« main sur un bien quelconque qui est le gage de tous
« les créanciers, il est préféré à tous les autres.

« Le législateur de 1804 a entassé formalités sur for-
« malités ! Il faut un juge-commissaire à la contribu-
« bution ; il faut une production spéciale pour chacun
« des créanciers; il y aurait dix mille, quinze mille
« créanciers, qu'il faudrait dix mille, quinze mille
« productions; il faut faire enregistrer chacune de ces
« productions; il faut des bordereaux de collocation
« délivrés à chacun des créanciers; aussi lorsque le
« créancier se présente à la caisse pour toucher, il ar-
« rive fréquemment qu'il n'a pas de quoi payer les frais
« qui sont dûs à son avoué.

« Voilà quels sont les précieux avantages de la con-
« tribution, procédure très ancienne, très respectable,
« étant donné son âge, mais qui n'est plus à la hauteur
« des circonstances et qui ne peut être appliquée à de
« grandes sociétés anonymes comme celle dont nous
« nous occupons, qui comptent des multitudes d'ac-
« tionnaires et aussi quelquefois, malheureusement,
« des multitudes de créanciers. »

La décision du législateur de 1893 se comprend donc
fort bien au point de vue pratique et utilitaire.

Un fait récent à l'appui. La société du canal interocéanique de Panama était une société civile à formes commerciales. On ne pouvait lui appliquer, lors de sa débâcle, le régime de la faillite ni de la liquidation judiciaire. Cela parut tellement fâcheux pour les créanciers sociaux et en particulier pour les obligataires qu'une loi spéciale (1ᵉʳ juill. 1893) a été faite pour soumettre au moins en partie aux règles de la faillite la compagnie de Panama.

Il est bon de noter aussi que les pouvoirs publics avaient tout d'abord demandé et obtenu l'avis favorable de personnes très compétentes (en particulier MM. les présidents du tribunal de commerce et de la chambre de commerce de la Seine. — *Contrà*, le président de la chambre des avoués).

Savoir aussi que la loi de 1893 s'inspire du Code de commerce allemand modifié en 1870, et du Code de commerce hongrois.

L'innovation contenue dans notre texte, si elle s'explique fort bien au point de vue pratique, ne laisse pas au point de vue théorique de constituer une *inelegantia juris*.

M. Thévenet a déclaré dans son rapport que la décision législative n'avait rien d'extraordinaire : n'y a-t-il pas des actes de commerce par la volonté de la loi? le contrat de change n'est-il pas réglé par sa forme et non par son objet? Si une personne, voulant emprunter une somme d'argent pour ses besoins personnels, dans un but purement civil, appose sa signature sur une lettre de change, elle fait un acte de commerce par la volonté de la loi. Le législateur se décide ainsi pour des motifs d'utilité pratique. Il ne fait pas autre chose en matière de société.

Ce raisonnement ne nous paraît pas satisfaisant. Il ne s'agit pas ici uniquement d'un acte de commerce, mais bien d'un acte qui crée une personne. La société de commerce est nécessairement un commerçant. Nous aurons donc, en vertu de la loi nouvelle un commerçant qui ne fait pas d'actes de commerce, contrairement à la disposition de l'article 1er du Code de commerce. Jusqu'à présent il y avait des actes de commerce par la volonté de la loi : aujourd'hui il y a des commerçants par la volonté de la loi.

Voyons l'étendue d'application de la loi nouvelle.

1° A quelles sociétés s'applique notre article 68 ? Est-ce à toutes les sociétés à formes commerciales ?

2° Assimile-t-il absolument les sociétés qu'il régit aux sociétés de commerce ?

3° A-t-il effet dans le passé ?

Reprenons ces trois points :

1° A quelles sociétés s'applique l'article 68 nouveau ? Il s'applique à la société en commandite, à la société anonyme. La société en nom collectif est laissée de côté.

Cette première limitation résulte du texte même. « Quel que soit leur objet, les sociétés *en commandite ou* « *anonymes.....* » qui devient surtout démonstratif lorsqu'on le compare avec l'article suivant (art. 69). « Il « pourra être consenti hypothèque au nom de *toute* « *société commerciale.....* »

Mais alors on arrive à une singulière théorie. Nous verrons tout à l'heure que l'article 68 n'a pas d'effet rétroactif, de telle sorte que la loi nouvelle a l'air de légitimer l'ancien critérium adopté par la jurisprudence. Nous aurons alors, semble-t-il, dorénavant deux critériums pour reconnaître la société civile de la société commerciale. La société, quel que soit son objet, a-t-elle revêtu la forme de la commandite ou la forme anonyme, la société est commerciale. A-t-elle au contraire pris la forme de la société en nom collectif, sa nature se déterminera d'après son objet; c'est-à-dire que la forme commerciale adoptée (société en nom collectif) empêchera les conséquences nouvelles de la forme (forme commerciale).

On voit aussi que le but de la loi est en partie manqué. Elle se proposait de détruire les incertitudes de la jurisprudence au sujet des sociétés civiles à formes commerciales, et de simplifier le critérium ancien. Pour cela il aurait fallu établir un critérium unique et mettre sur la même ligne toutes les formes commerciales.

Ne faut-il pas, à cette première limitation résultant d'une façon incontestable du texte de l'article 68, ajouter une autre limitation? L'article s'applique-t-il à toute commandite ou seulement à la commandite par actions?

MM. Lyon-Caen et Renault (dans leur étude de la loi nouvelle publiée en appendice à leur *Traité de droit commercial*), se prononcent pour l'interprétation restrictive.

Ils font valoir d'abord que dans son rapport à la Chambre des députés M. Clausel de Coussergues vise seulement les sociétés par actions (dans le même sens, les exemples donnés dans le rapport de M. Thévenet au Sénat), et que dans la discussion on a souvent rapproché la disposition nouvelle de celle qui se trouvait dans le projet du Sénat de 1884 et qui parlait seulement « des sociétés civiles qui divisent leur capital par ac- « tions. »

Nous répondrons qu'il est bien étrange si la pensée du législateur est telle qu'on l'indique et notamment la pensée de M. Clausel de Coussergues, que ce soit précisément après son rapport qu'on ait proposé et adopté le texte, que nous étudions, *tel quel*, sans distinctions. S'il a été parlé spécialement des sociétés par actions, c'est que l'attention se portait particulièrement de ce côté et tout naturellement, mais était-ce avec une pensée d'exclusion pour les sociétés en commandite simple?

On s'appuie dans le même ordre d'idées sur le Code de commerce allemand : d'après ce Code on distingue : les sociétés par actions (en commandite ou anonymes) sont commerciales par leur forme indépendamment de leur objet : les autres (par conséquent la commandite par intérêts) ne sont commerciales que par leur objet. La loi nouvelle, dit-on, a voulu copier le Code allemand.

Est-ce certain et la loi a-t-elle voulu copier servilement le Code allemand?

On n'a jamais invoqué dans le même sens l'intitulé de la loi de 1893 « loi portant modification de la loi du « 24 juillet 1867 *sur les sociétés par actions.* »

Et en effet, le raisonnement serait très mauvais. Il est tel texte de la loi, notamment l'article 69, qui prouve que la loi de 1893 ne s'occupe pas seulement des sociétés par actions.

Les arguments de nos adversaires ne sont donc pas très décisifs.

Nous n'avons à faire valoir que le texte même de l'article 68 qui ne fait aucune distinction. Et le texte doit toujours l'emporter lorsqu'il est net sur tout argument tiré des travaux préparatoires. Nous ajouterions volontiers : pourquoi introduire une nouvelle bizarrerie dans la loi (voir *supra*, ce que nous disions de la société en nom collectif) et cela sans aucune utilité?

Une précision encore à apporter.

Dans sa proposition de loi à la Chambre des députés, M. Thellier de Poncheville, parlant du projet voté par le Sénat en 1884, déclare « le texte du Sénat oblige in-« distinctement toutes les sociétés civiles qui divisent

« leur capital en actions, quelle que soit d'ailleurs leur
« forme, à se conformer à toutes les prescriptions de la
« loi spéciale. Nous ne pensons pas qu'il soit nécessaire
« d'aller jusque-là. Un grand nombre de sociétés, de
« sociétés houillères notamment, ont divisé leur capital
« en actions, créé des titres facilement transmissibles,
« sans adopter pour cela la forme de l'anonymat ni celle
« de la commandite. Il suit de là que leurs membres
« restent personnellement responsables du passif vis-à-
« vis des tiers, dans les termes du Code civil, et jusqu'à
« concurrence de leur part virile. Pourquoi contraindre
« ces sociétés à enlever aux créanciers cette garantie, à
« se plier à des formes moins rassurantes pour les tiers ?
« Quant à leur dénier le droit d'avoir des titres d'une
« valeur égale, négociables sur le marché, il n'y faut
« pas songer : ce serait bouleverser, au grand détriment
« de la fortune publique et privée, des habitudes invé-
« térées et qui ne préjudicient à personne. Nous lais-
« sons donc le choix aux sociétés de se contenter à leurs
« risques et périls de cette forme innommée mais sanc-
« tionnée par l'usage, ou de se placer sous l'empire de
« la loi de 1867, avec ses bénéfices et ses charges. »

On arrive au même résultat avec le texte de notre
article 68. Il s'applique, en effet, aux sociétés en commandite et anonymes, et M. de Poncheville parlait de
sociétés à formes innommées, mais sanctionnées par
l'usage.

Nous abordons notre deuxième point.

2° Les sociétés régies par l'article 68 sont-elles assimi-
lées absolument aux sociétés de commerce ?

La question paraît naïve : en effet, la forme commerciale (en commandite ou anonyme), fait la société de
commerce, et, semble-t-il, avec toutes les conséquences
ordinaires.

Nous avons cependant les plus grands doutes sur

certaines de ces conséquences; l'application de la théorie de l'accessoire et la commercialité présumée des obligations.

La théorie de l'accessoire suppose au commerçant qui fait des actes de nature civile comme accessoires de son commerce; et cette liaison intime avec le commerce donne à ces actes le caractère commercial.

Lorsqu'il s'agit d'une société dont le but est civil, mais la forme anonyme ou en commandite par actions ou intérêts, nous avons bien une société de commerce, donc un commerçant, mais un commerçant qui ne fait pas le commerce, d'où la théorie de l'accessoire est inapplicable.

Quid de la commercialité présumée des obligations? *Præsumptio sumitur de eo quod plerumque fit.* La présomption de la loi ne se comprend que d'un commerçant qui fait des actes de commerce. Pour la société, dans les termes que nous avons supposés, la commercialité présumée des obligations est un non sens prête au législateur. Nous croyons donc qu'il ne faut pas l'admettre.

Voir ce que nous disions, *suprà*, à propos de la compétence des tribunaux de commerce et de la discussion de MM. Thévenet et Bardoux.

Il est bon, du reste, de se rappeler que dans les travaux préparatoires que nous avons parcourus, il n'a jamais été fait allusion aux conséquences de la qualité de commerçant dont nous venons de repousser l'application en notre matière.

Il ne faut pas se dissimuler que les constatations auxquelles nous sommes arrivés constituent des singularités ou bizarreries de plus de la loi nouvelle. Cette loi, non seulement, a créé un commerçant qui ne fait pas le commerce, mais un commerçant auquel ne s'appliquent pas les conséquences ordinaires du commerçant.

3° Portée de la loi de 1893 (art. 68) dans le temps. L'article 68 s'applique-t-il aux sociétés à objet civil fondées dès avant sa promulgation sous la forme anonyme ou en commandite?

La négative n'est pas discutable. Voici nos preuves.

Le projet de loi adopté par la Chambre des députés contenait la disposition transitoire suivante : « L'article « 68 s'applique aux sociétés déjà existantes. » Cette disposition a été supprimée. Soit dit en passant, si elle avait été maintenue, on n'aurait pas été obligé de voter la loi du 1er juillet 1893, sur la société interocéanique de Panama. Le vote de cette loi spéciale est donc encore une preuve.

Conformément à la disposition transitoire indiquée plus haut, l'article 68 avait une rédaction qui a été modifiée. « Quel que soit leur objet, disait ce texte, les « sociétés en commandite ou anonymes, constituées « dans les formes du Code de commerce ou de la pré- « sente loi, *sont* commerciales... »

Au cours de la discussion, le rapporteur (au Sénat), « M. le président, pour bien marquer que la loi n'a « pas d'effet rétroactif, la Commission propose de dire : « quel que soit leur objet, les sociétés en commandite « ou anonymes qui *seront* constituées dans les formes « du Code de commerce ou de la présente loi, *seront* « commerciales... »

Dans le même sens, il faut citer un passage du rapport de M. Thévenet au Sénat. « Nous ne voulons « donner à la loi aucun effet rétroactif... les sociétés « existantes ne seront régies que si elles le désirent par « la loi nouvelle. »

Il n'y a donc aucun doute.

Et ici même, une observation en passant. La loi nouvelle, en déclarant ne pas appliquer son nouveau critérium sur la distinction des sociétés civiles et commerciales aux sociétés déjà existantes, donne à l'ancien critérium admis jusqu'ici par la jurisprudence, une quasi-sanction législative. Évidemment, la jurisprudence reste libre, mais en fait, pour les sociétés antérieures à 1893, le législateur lui indique la voie.

Faut-il approuver le législateur de n'avoir pas donné, à l'article 68, effet dans le passé?

Qu'on veuille bien remarquer tout d'abord que l'article 2 du Code civil relatif à la non-rétroactivité des lois est ici hors de cause. D'abord ce texte ne lie pas le législateur; il n'a pas la force d'un principe constitutionnel; de plus, l'article 2 suppose deux lois successives et indique leur portée dans le temps, et dans notre question, avant la loi de 1893, il n'y avait rien au point de vue législatif, le législateur ne s'étant pas prononcé; il y avait seulement une opinion très assise de jurisprudence. C'est cependant cette jurisprudence qui explique que notre loi nouvelle n'ait pas cru devoir régir le passé : la jurisprudence étant ferme et inébranlable, les parties qui ont contracté une société se sont fiées à cette jurisprudence, ont entendu faire une société civile et on ne peut, contrairement à leur intention, transformer rétroactivement cette société civile en société de commerce.

Pour fondée qu'elle soit, cette décision du législateur n'est pas sans introduire en notre matière une certaine incohérence, d'où il devait tendre à la suppression de cette incohérence, au rétablissement de l'harmonie, et donner aux sociétés laissées en dehors de l'application de la loi de 1893, le moyen de se ranger sous la réglementation commune. Malheureusement, il y a sur ce point une lacune dans la loi, mais une lacune que nous pourrons combler à l'aide des renseignements fournis par une autre disposition de cette même loi.

Voici cette disposition :

DISPOSITIONS TRANSITOIRES.

« Article 7 (dernier alinéa).

« Les sociétés civiles actuellement constituées sous
« d'autres formes pourront, si leurs statuts ne s'y oppo-
« sent pas, se transformer en sociétés en commandite
« ou en sociétés anonymes par décision d'une assemblée
« générale spécialement convoquée et réunissant les
« conditions tant de l'acte social que de l'article 31
« ci-dessus. »

Quant à l'article 31 de la loi de 1867 (texte relatif
aux sociétés anonymes), il s'exprime de la façon suivante : « les assemblées qui ont à délibérer sur des
« modifications aux statuts ou sur des propositions de
« continuation de la société au delà du terme fixé pour
« sa durée, ne sont régulièrement constituées et ne
« délibèrent valablement qu'autant qu'elles sont com-
« posées d'un nombre d'actionnaires représentant la
« moitié au moins du capital social. »

De quelles sociétés s'agit-il dans ce texte?

Évidemment des sociétés civiles dont s'occupait, dans
un passage cité plus haut, M. Thellier de Poncheville.
de ces sociétés civiles (notamment les sociétés houillères du nord de la France) qui se sont constituées
sous des formes diverses qu'aucune loi n'a prévues, ni
réglementées. L'article 68 ne régit pas ces sociétés, ni
pour le passé, ni même pour l'avenir, mais le législateur favorable à l'unification en matière de sociétés,
prévoit le cas où elles voudraient prendre la forme
anonyme ou en commandite afin de tomber sous le coup
de la loi nouvelle et de devenir commerciales.

Notre interprétation résulte du texte même ; il y est
question de sociétés qui veulent devenir en commandite
ou anonymes, donc qui n'ont pas auparavant ces

formes, et d'autre part, il s'agit de sociétés ayant divisé leur capital en actions puisqu'on nous parle d'assemblées d'actionnaires.

Dans le même sens, lire le rapport de M. Clausel de Coussergues à la Chambre des députés : « Nous avons « rattaché à ces dispositions (dispositions transitoires « la proposition faite par M. Thellier de Poncheville, « que les sociétés civiles actuellement existantes sous « d'autres formes que celles du Code de commerce ou de « la loi spéciale sur les sociétés par actions, puissent se « transformer en sociétés commerciales, si leurs statuts « ne s'y opposent pas. Cette proposition a de l'intérêt « particulièrement pour les sociétés houillères du Nord « et du Pas-de-Calais; l'expérience et les réclamations « formulées depuis longtemps en démontrent l'utilité. »

C'est alors M. Thellier de Poncheville qui va nous donner la raison d'être de notre article :

« Il faut faciliter la transformation des sociétés qui, « constituées, avec ou sans actions, sous une autre « forme que celles qui sont tracées par la loi de 1867, « voudront se placer sous l'empire de cette loi. Nous « avons pensé que cette transformation pourrait être « valablement décidée par une assemblée générale spé- « ciale, convoquée et délibérant dans les formes prévues « pour les modifications aux statuts. Nous avons seule- « ment excepté le cas où un pareil changement serait « prohibé par l'acte social, dont il ne peut appartenir « à une majorité de violer les dispositions. »

La disposition transitoire que nous venons d'étudier n'a évidemment qu'une portée restreinte, mais elle nous fournit des renseignements précieux pour la solu- tion de la question que nous indiquions naguère : A quelles conditions les sociétés anonymes ou en com- mandite, existant avant la loi de 1893, peuvent-elles se placer sous l'application de cette loi et devenir commerciales ?

D'abord le peuvent-elles ?

Cette difficulté préliminaire ne nous paraît pas bien sérieuse et l'affirmative s'impose.

Nous nous appuyons d'abord sur cette idée qu'il serait bien étrange que le législateur permit à des sociétés, auxquelles ne s'applique aucunement la loi nouvelle, de se placer sous l'empire de cette loi et ne le permit pas aux sociétés qu'elle vise, mais qu'elle régit pour l'avenir sans vouloir les régir pour le passé. D'autre part, les sociétés en commandite ou anonymes sont infiniment plus nombreuses que les sociétés civiles à formes innommées dont s'occupe l'article 7. Le législateur, dans son désir d'unification, aurait donc visé les sociétés de beaucoup les moins nombreuses et seulement celles-là. — Enfin le rapport de M. Thévenet au Sénat déclare : « les sociétés existantes ne seront régies « que si elles le désirent par la loi nouvelle. » Donc si elles le désirent, elles seront régies par la loi nouvelle.

Objecte-t-on l'absence d'un texte dans la loi ? La lacune est facile à expliquer et on ne peut rien en tirer contre nous. Primitivement, le projet voté par la Chambre des députés admettait l'effet de notre article 68 dans le passé. Il n'y avait donc pas besoin de disposition transitoire. Il n'y en avait une, d'une portée restreinte, que pour les sociétés à formes innommées qui n'étaient aucunement touchées par la loi nouvelle. C'est le Sénat seulement qui a enlevé à notre texte l'objet rétroactif. On aurait dû écrire une disposition transitoire correspondante. On n'y a pas pensé.

Mais alors comment combler la lacune ?

L'article 7, répétons-nous, nous fournit de précieux renseignements. Il nous montre la pensée du législateur.

Voici les idées qu'il faut en extraire :

1° Le fait par une société, non touchée par notre article 68, de se placer sous l'application de ce texte doit être considéré comme une modification aux statuts et exige les formalités requises pour les modifications aux statuts.

Cela résulte pour nous de ce que l'article 7 vise l'article 31 de la loi de 1867 et que ce texte s'occupe des assemblées « qui ont à délibérer sur des modifications « aux statuts, » ensuite d'un passage de l'exposé des motifs à l'appui de la proposition de loi de M. Thellier de Poncheville (voir *suprà*). « Nous avons pensé que cette « transformation (pour se placer sous l'empire de la loi « nouvelle) pourrait être valablement décidée par une « assemblée générale spéciale, convoquée et délibérant « dans les formes prévues pour *les modifications aux* « *statuts.* »

Nous décidons donc que si une société anonyme ou en commandite antérieure à la loi nouvelle veut devenir commerciale malgré son objet civil, l'assemblée générale convoquée *ad hoc* devra réunir les conditions voulues pour la modification des statuts.

Mais est-ce suffisant?

Voici la difficulté. Lorsqu'il s'agit d'une société anonyme, l'assemblée générale modificative des statuts doit réunir les conditions spéciales de tenue de l'article 31. Mais lorsqu'il s'agit de la société en commandite? On sait que la loi qui a traité en détail, bien que d'une façon encore incomplète la tenue des assemblées générales dans les sociétés anonymes, est à peu près muette au sujet des assemblées générales dans les sociétés en commandite par actions, et on admet généralement que les statuts règlent souverainement la matière (abstraction faite de l'assemblée primordiale constituante); ainsi pour les sociétés en commandite, il n'existe aucun texte semblable à l'article 31, et l'assemblée générale peut valablement modifier les statuts, pourvu qu'elle se conforme aux clauses de ces mêmes statuts sur la tenue de l'assemblée. S'ils gardent le silence, une assemblée composée d'un nombre quelconque d'actionnaires peut délibérer valablement sur les modifications proposées. Faut-il maintenir cette règle, ou bien au contraire, lorsqu'il s'agit de commercialiser une société en commandite par actions, faut-il appliquer l'article 31?

Nous n'appliquons pas l'article 31. Voici nos raisons. Transporter l'article 31 aux sociétés en commandite par actions serait innover et pour une pareille innovation il faudrait que le législateur manifestât sa volonté d'une façon nette. Tout doute doit s'interpréter en faveur du maintien du *statu quo*. Dans l'hypothèse prévue par notre disposition transitoire, il s'agit d'une société à formes innommées; le législateur en visant l'article 31 ne rompt pas avec une situation légale précédente. D'autre part, il n'est pas seulement question de donner à la société, la qualité de société commerciale mais encore une forme nouvelle. Il y a donc un doute sur la volonté du législateur.

Ne pourrait-on pas, par une autre argumentation, exiger l'application de l'article 31? Si notre disposition transitoire, dirait-on, veut que l'assemblée générale convoquée réunisse les conditions non seulement du pacte social, mais de l'article 31, c'est précisément parce qu'elle n'exige pas à cet égard une clause dans les statuts, et pour remplacer la garantie résultant d'une pareille clause, or cette idée est d'une application générale quelle que soit la société.

Nous répondrons : cette interprétation des idées du législateur est divinatoire et contredite par le texte lui-même. En effet, s'agit-il d'une société anonyme, l'assemblée devra tout simplement réunir les conditions requises pour la modification des statuts, puisque c'est précisément l'article 31 qui régit ce point en matière de sociétés anonymes. La société anonyme sortirait donc du cadre.

Avant d'aller plus loin, une conséquence de la première idée que nous avons extraite de l'article 7. Les modifications aux statuts des sociétés commerciales ou à formes commerciales devant être publiées, la commercialisation des sociétés antérieures à 1893 devra être publiée, puisqu'elle est mise sur la même ligne qu'une modification aux statuts. On conçoit, du reste, l'intérêt des tiers à cette publication. (Des tiers bien entendu qui contracteraient postérieurement avec la société. Pour les autres, voir *infra*.)

2° Nous déduirons encore de l'article 7, que pour permettre à une société de se placer sous l'empire de notre article 68, il n'est pas besoin d'une clause des statuts. Il est, du reste, bien évident qu'il ne peut y avoir aucune clause à ce sujet dans les statuts, et qui veut la fin, veut les moyens. Dans l'hypothèse spéciale qu'il vise, l'article 7, dernier alinéa, réserve le cas d'une disposition prohibitive des statuts; cette disposition prohibitive des statuts peut, en effet, se rencontrer; on peut supposer que les statuts prévoient et défendent la transformation de la société à formes innommées en société en commandite ou anonyme, et cette transformation est indispensable pour l'application de la loi nouvelle. Mais dans notre cas, on ne comprend aucune clause des statuts, ni permissive, ni prohibitive. La décision de la loi 1893 ne peut être entrée dans les prévisions des parties.

La société civile à formes commerciales (en commandite ou anonyme), s'est commercialisée par hypothèse; s'est placée sous l'empire de la loi de 1893. Cette

transformation a-t-elle effet à l'égard des tiers qui auraient auparavant traité avec la société?

Pour nous rendre compte de l'intérêt de la question
voyons les différences ou plutôt rappelons les différences ou certaines ou contestées qui existent entre la
société civile à formes commerciales et la société de
commerce. D'abord, la tenue des livres, la société
civile à formes commerciales n'y était pas soumise
jadis; elle y sera soumise après sa commercialisation;
qu'importe à nos tiers? La théorie de l'accessoire et de
la commercialité présumée des obligations; ici on comprendrait l'intérêt des tiers car l'application de ces
théories a des conséquences en ce qui concerne la compétence. Mais nous avons dit (voir *suprà*) que ces théories ne peuvent, malgré l'innovation de l'article 68,
s'appliquer aux sociétés de commerce à objet civil. La
compétence du tribunal de commerce pour les contestations entre associés? Qu'importe aux tiers? La personnalité morale reconnue aux sociétés de commerce
est-elle reconnue aux sociétés à formes commerciales;
c'est l'opinion dominante : la jurisprudence (voir *suprà*)
reconnaît même la personnalité morale des sociétés
civiles ordinaires. D'où de ce chef encore intérêt nul.
On se demande encore si la prescription de cinq ans de
l'article 64 du Code de commerce s'applique aux sociétés civiles à formes commerciales ou si c'est la prescription de trente ans? Si on se décide pour la prescription
de trente ans, on voit un intérêt que présente la commercialisation à l'égard des tiers? On trouve encore un
intérêt en ce qui concerne la faillite et la liquidation
judiciaire qui ne s'appliquent pas aux sociétés à formes
commerciales et s'appliquent aux sociétés de commerce.
Il est certain que la situation des tiers qui ont traité
avec une société est différente suivant que la société
est ou non soumise au régime de la faillite. Il suffit de

se rappeler tout le régime de nullités organisé par les articles 446 et suivants en matière de faillite. D'autre part, le concordat et les dérogations aux principes généraux qu'il suppose se présentent en matière de faillite et non de simple déconfiture.

La commercialisation dont nous nous occupons est assimilée par la loi à une modification aux statuts. Or on connaît le double point de vue auquel il faut se placer pour examiner la validité des actes des sociétés. Il faut distinguer les associés et les tiers. Vis-à-vis des tiers la société ne saurait, en modifiant ses statuts, porter atteinte à des situations acquises. On fait l'application de cette idée en ce qui concerne la réduction du capital social qui ne peut être opposée aux tiers dont les droits se trouveraient compromis. Cette même idée nous paraît devoir être appliquée ici. La commercialisation de la société ne pourra porter atteinte aux droits des tiers. Il n'y aura donc possibilité à leur détriment, ni de faillite, ni de liquidation judiciaire. Ils ont traité sur la foi d'une situation qui ne peut être transformée quant à eux. En ce qui concerne l'application de la prescription de l'article 64 nous avons des doutes. Il ne s'agit plus là d'un droit acquis. Une prescription en cours ne constitue jamais un droit acquis, à plus forte raison lorsqu'il s'agit d'une prescription qui n'est même pas commencée comme c'est ici le cas, puisque l'article 64 suppose la dissolution de la société. Donc si on admet avec la jurisprudence (question controversée) que la prescription de cinq ans peut être opposée par les associés dans toutes les sociétés de commerce, si on admet d'autre part que cette prescription doit être exclue dans la société civile à forme commerciale, la commercialisation permettra aux associés, croyons-nous, d'opposer cette prescription même aux tiers envers qui la société se serait engagée avant sa transformation.

A propos des différences entre les sociétés à forme commerciale et les sociétés de commerce nous avons indiqué, *supra*, une discussion sur le point de savoir si les sociétés civiles anonymes ou en commandite par actions sont soumises aux nombreuses dispositions restrictives de la loi du 24 juillet 1867 sur la constitution et le fonctionnement des sociétés par actions. La négative est adoptée par la plupart des décisions judiciaires.

Il nous semble certain que la société civile à forme commerciale qui voudra devenir société de commerce devra se mettre en règle. Évidemment elle devra se mettre en règle avec la loi de 1867 ; en effet, les règles de constitution s'apprécient d'après la législation en vigueur au moment de la formation de la société et ici il n'y a pas création d'une société nouvelle. La situation nous paraît absolument la même que si une société nulle antérieure à la loi de 1893 voulait purger son vice : elle n'aurait qu'à se conformer à la loi de 1867. La raison pour laquelle nous voulons que la société en question se mette en règle c'est qu'il n'est pas admissible qu'une société de commerce par actions ne soit pas soumise aux principes restrictifs qui régissent ses pareilles.

Il ne faut pas confondre la situation avec une autre que nous signalons au passage. Soit l'hypothèse prévue *in terminis* par l'article 7, alinéa dernier de la loi de 1893, une société civile à formes innommées prenant la forme de la commandite ou la forme anonyme ; il faudra que la société transformée se soumette à certaines conditions qui seront évidemment fixées par la loi de 1893. Il y a là un changement de forme, la création d'une nouvelle société de type différent tandis que dans l'hypothèse précédente la forme restait la même, il y avait seulement l'adoption de la société

commerciale au lieu et place de la société civile à
formes commerciales.

Ce que nous avons dit de la société civile aux formes
commerciales de la commandite ou de l'anonymat doit
être étendu *mutatis mutandis* à la société civile en
nom collectif. Nous disons *mutatis mutandis*; en effet,
il ne saurait être question d'assemblée d'actionnaires,
les statuts ne peuvent être modifiés que par le consentement unanime des associés. Pour la commercialisation d'une pareille société, il faudra donc le consentement de tous les associés. De plus, il y aura un
changement de forme, d'où certaines conséquences
pratiques (V, *supra*).

Avec l'article 7 de la loi de 1893, nous avons parlé
incidemment de la tenue des assemblées générales.
Cela nous amène à un autre ordre d'idées qu'il faut
parcourir avec la loi nouvelle. Nous allons passer la
revue des dispositions de la loi de 1893 qui ont trait à
la constitution et au fonctionnement des sociétés anonymes et en commandite, mais il ne s'agit plus ici
(les textes le prouvent) que de la commandite par
actions.

Dans ces dispositions nous verrons précisément le
législateur de 1893 s'inspirer tour à tour de deux idées
indiquées naguère: nécessité de protéger l'épargne
contre des manœuvres inavouables; nécessité de ne pas
exagérer les formalités protectrices au point de décourager la spéculation honnête.

Soit dit en passant, notre loi ne contient aucune
disposition au sujet de la dissolution ou liquidation des
sociétés. Nous laissons donc ce point de côté.   .

§ 1.

CONSTITUTION DES SOCIÉTÉS PAR ACTIONS.

Nous ne prenons, bien entendu, que les conditions de constitution des sociétés par actions qui ont attiré l'attention du législateur de 1893.

1° D'abord l'apport commun.

Dans toute société il faut un apport commun, mais la loi laisse toute latitude aux parties. D'après l'article 1833 du Code civil « chaque associé doit apporter ou de « l'argent, ou d'autres biens, ou son industrie. »

Lorsque l'apport consiste en autre chose qu'en numéraire, la pratique a révélé certains abus que le législateur de 1867 (imitant en cela le législateur de 1856) a voulu empêcher : majorations insensées acceptées par des actionnaires crédules, faisant à certains apporteurs une situation exagérée et déterminant souvent la ruine même de l'entreprise.

L'article 4 de la loi de 1867, relatif aux sociétés en commandite par actions, étendu aux sociétés anonymes par l'article 24 de la même loi, prescrit une certaine vérification des apports faits autrement qu'en numéraire.

Lors de la discussion de la loi de 1893 il a été question de cette vérification qui rarement se fait très sérieusement, et on s'est demandé s'il n'y aurait pas lieu de prendre d'autres mesures pour empêcher la majoration des apports.

A une certaine époque on a pensé à exiger une expertise des apports. Mais on a considéré que ce serait

revenir par une voie détournée au système de l'autorisation préalable, avec cette double différence que
l'autorisation n'émanerait plus du gouvernement, mais
du pouvoir judiciaire qui nommerait les experts, et
qu'elle s'appliquerait à toutes les sociétés par actions au
lieu de ne viser que les seules sociétés anonymes. Ensuite par cette nomination d'experts, le pouvoir judiciaire
n'aurait-il pas assumé une véritable responsabilité et
n'aurait-il pas reculé devant cette responsabilité?

L'expertise obligatoire écartée, pourquoi ne pas
admettre l'expertise facultative? C'est ce qu'avait fait
le Sénat dans son projet de 1884. Art. 9. « Si la de-
« mande en est faite par le quart des actionnaires
« présents (lors de la première assemblée générale) la
« sincérité de la déclaration des fondateurs est soumise
« à l'appréciation d'un ou de trois experts nommés par
« le président du tribunal de commerce du lieu où le
« montant des versements a été déposé. »

L'expertise facultative devait être écartée aussi. Ce
système pouvait jeter un discrédit considérable sur la
société naissante. En effet, d'après le projet du Sénat,
le rapport des experts était discuté dans une nouvelle
assemblée générale qui, n'étant aucunement liée,
pouvait accepter les apports pour un chiffre supérieur
à l'estimation des experts. Mais alors quel discrédit
jeté sur la société, surtout si le rapport des experts
devait être publié (comme cela avait été proposé)!

Ces différents moyens (expertise obligatoire, expertise
facultative), n'ont été indiqués qu'incidemment dans la
discussion de la loi de 1893; ils ont été écartés en
quelque sorte par prétérition. Nous rencontrerons
cependant plus tard une disposition de la loi nouvelle
relative aux actions d'apport et qui s'inspire du même
désir : empêcher la majoration des apports, qui est
souvent une cause de ruine pour la société.

Cela nous amène à nous occuper des actions qui se lient intimement à l'apport comme en étant la contrepartie et la représentation. L'action est en effet le droit qui est attribué à chaque associé en échange de son apport.

2° *Actions.*

Nous ne revenons pas sur la distinction connue de l'action et de l'intérêt. Pour la clarté de nos explications il nous faut indiquer certaines divisions des actions.

On distingue l'action nominative et l'action au porteur. L'action est nominative lorsqu'elle porte le nom du titulaire. L'action au porteur est celle qui porte en tête l'indication « au porteur » sans aucune mention du titulaire. Les différences entre les deux espèces de titres sont considérables ; ce qu'il faut savoir pour le moment, c'est que l'action au porteur a un caractère circulatoire très grand et que ses propriétaires successifs et même son propriétaire actuel peuvent facilement rester inconnus.

Les actions se divisent encore à un autre point de vue. Les unes correspondent à des apports en numéraire et portent le nom d'actions de capital. Les autres correspondent à des apports en nature, on les appelle actions d'apport. D'autres actions correspondent à la fois à des apports en espèces et à des apports en nature ; on les désigne sous le nom d'actions mixtes. La légalité de cette combinaison a été contestée, mais elle est certaine aujourd'hui (V. *infrà*).

Au début de notre législation, les articles 35 et 36 du Code de commerce s'en remettaient absolument aux parties de déterminer le chiffre des actions et leur forme (nominative ou au porteur).

Ce régime de liberté présenta de grands abus. D'une part, les actions furent émises à un chiffre très bas, à l'effet d'attirer la petite épargne : mais alors de grands inconvénients; l'action était une sorte de billet de loterie qu'on laissait dans son tiroir et dont on ne s'occupait guère ; les opérations de la société se déroulaient sans contrôle ni surveillance; les pouvoirs des gérants restaient sans contrepoids. D'autre part, à cause des facilités de transmission, les actions furent mises uniformément au porteur, sans aucune condition de libération préalable. Mais alors, avec la facilité qu'avaient les titulaires des actions au porteur de rester inconnus, en cas de faillite de la société, avant libération totale, les créanciers ne pouvaient se faire payer, se trouvaient en présence d'un capital nominal qu'ils ne pouvaient faire rentrer, et étaient ainsi absolument dupés.

La loi de 1856 fut une loi de réaction. Elle porta au mal constaté un double remède. Elle fixa un minimum au-dessous duquel le chiffre des actions ne pouvait descendre, 100 francs lorsque le capital social était inférieur à 200,000 francs, 500 francs dans le cas contraire. Elle décida ensuite que les actions ne pourraient être mises au porteur qu'après libération intégrale.

Tout ce que nous avons dit jusqu'à présent ne convient, en fait, qu'à la société en commandite. La loi de 1856 ne visait qu'elle. Mais la société anonyme étant soumise au régime de l'autorisation gouvernementale, les mêmes abus ne se produisaient pas. Du reste, la loi de 1863, qui constitua un essai de société anonyme libre, reproduisit les dispositions de la loi de 1856.

En 1867 on trouva les exigences de la loi de 1856, sur la forme de l'action, de nature à décourager la spéculation honnête. On conserva le principe que les actions devraient rester nominatives jusqu'à la libéra-

tion totale, mais elles purent cependant être trans-
formées en actions au porteur à certaines conditions.
Du reste, le minimum de la loi de 1856 fut maintenu
en ce qui concernait le chiffre de l'action (*Sic*, art. 1
et 3 de la loi de 1867, relatifs aux sociétés en commandite, étendus à la société anonyme par l'art. 24).

La loi de 1893 devait s'occuper du chiffre et de la
forme des actions.

a) D'abord le chiffre.

L'article 1er de la loi nouvelle s'exprime ainsi :

Art. 1er. « Les paragraphes 1 et 2 de l'article 1er de
« la loi du 24 juillet 1867 sont modifiés comme suit :
« § 1er. Les sociétés en commandite ne peuvent divi-
« ser leur capital en actions ou coupures d'actions de
« moins de 25 francs, lorsque le capital n'excède pas
« 200,000 francs, de moins de 100 francs, lorsque le
« capital est supérieur à 200,000 francs. »

Il est à peine besoin d'indiquer que ce texte, vu le
renvoi fait par l'article 24 de la loi de 1867 à l'article 1er, vise les sociétés anonymes comme les sociétés
en commandite.

La nouvelle rédaction n'a pas été admise sans discussion. Le Sénat, dans son projet de 1884, avait
adopté, en ce qui concerne le chiffre minimum des
actions, un système plus compliqué, une division tri-
partite. Le capital social n'excédait-il pas 100,000 francs,
le chiffre minimum des actions était 50 francs; de
100,000 francs à 200,000 francs, ce minimum s'élevait
à 100 francs; au-dessus de 200,000 francs, le minimum
devait être 500 francs.

En 1893, par un premier vote, la Chambre des
députés avait accepté un minimum unique de 25 francs,
sans se préoccuper de l'importance du capital social.
La Commission du Sénat avait de même admis le mi-

nimum unique, mais en le relevant au chiffre de 100 francs. Ce fut pendant la discussion au Sénat sur un amendement d'un sénateur de la Seine, M. Poirrier, qu'on en revint à l'idée d'un double minimum d'après le capital social et que le texte reproduit plus haut fut voté.

Quand on compare notre nouveau texte avec l'ancienne disposition de la loi de 1867 on constate une ressemblance : l'existence d'un double minimum d'après le capital social; et une différence : l'abaissement notable du chiffre des actions.

Pourquoi un abaissement du minimum et pourquoi le double minimum?

Remarquons tout d'abord, cela expliquera notre façon de procéder, que M. Poirrier n'a fait que combiner chacun des minimums de 25 et de 100 francs, admis sans distinction, à titre unique, par la Chambre des députés et par la commission du Sénat, avec l'idée du double chiffre variant suivant l'importance du capital social, empruntée à la loi de 1867.

Partant de là, c'est le rapport de M. Clausel de Coussergues à la Chambre des députés qui va nous expliquer pourquoi on a abaissé le minimum des actions et pourquoi ce chiffre de 25 francs.

« Dans le but de mettre les actions des sociétés à la « portée des ouvriers et de faciliter ainsi leur participa-« tion aux bénéfices, M. Georges Graux propose d'a-« baisser le taux minimum fixé par l'article 1er de « la loi de 1867. Les vœux développés dans son exposé « des motifs font ressortir l'intérêt de sa proposition et « la justifient. D'autres raisons encore nous ont déter-« miné à l'adopter. En fixant le minimum du montant « des actions à 500 francs et, exceptionnellement à « 100 francs pour les sociétés d'un capital n'excédant

« pas 200,000 francs, le législateur de 1867 voulait
« mettre l'épargne modeste à l'abri des tentations de
« la spéculation : l'expérience a démontré que la pré-
« caution était vaine. Par contre, la fixation de ce taux
« minimum apporte des entraves à des combinaisons
« utiles, notamment dans des cas où il serait à propos,
« au cours d'une société, de réduire le capital nominal
« et de faire appel à des capitaux nouveaux. L'opinion
« est unanime à en réclamer l'abolition. Nous voyons
« sur le marché français un grand nombre de titres
« étrangers de 250, de 100 et même de 25 francs qui
« sollicitent les capitaux français, qui se négocient et
« circulent en France et y sont accueillis avec faveur ;
« on ne comprend pas qu'une latitude égale ne soit pas
« laissée aux capitaux qui veulent s'associer sous l'em-
« pire et avec les garanties de la loi française. Nous
« vous proposons donc de modifier l'article 1er de
« la loi du 24 juillet 1867 en permettant d'abaisser le
« taux des actions jusqu'à 25 francs. »

En parallèle avec ce rapport de M. Clausel de Coussergues, lisons un passage du rapport de M. Thévenet au
Sénat qui nous indique pourquoi la commission du
Sénat a trouvé le chiffre de 25 francs insuffisant et a
préféré le chiffre de 100 francs. « Le projet voté par la
« Chambre édicte que le taux minimum de l'action
« pourra être de 25 francs seulement, pour toutes les
« sociétés, quel que soit leur capital. Votre commission
« a pensé que ce taux était trop faible et qu'il fallait le
« relever à 100 francs.

« Nous avons interrogé sur ce point les personnes
« citées plus haut : (les présidents de la Chambre de
« commerce et du Tribunal de commerce de la Seine,
« le bâtonnier de l'ordre des avocats, les présidents de
« la Chambre des avoués, des agréés et des liquidateurs)

« leur opinion a été unanime : elles ont accepté le chiffre
« de 100 francs. Le gouvernement est aussi de cet avis.

« L'honorable M. Clausel de Coussergues, dans le
« rapport qu'il a présenté à la Chambre, invoque à l'ap-
« pui du chiffre de 25 francs une considération tirée
« des législations étrangères.

« Nous voyons, dit-il, sur le marché français, un
« grand nombre de titres étrangers de 250, de 100, et
« même de 25 francs, qui sollicitent les capitaux fran-
« çais, qui se négocient et circulent en France, et y
« sont accueillis avec faveur.

« On ne comprend pas qu'une latitude égale ne soit
« pas laissée aux capitaux qui veulent s'associer sous
« l'empire et avec les garanties de la loi française.

« Sans méconnaître la valeur de cette considération,
« nous ne la croyons pas aussi décisive ; le morcellement
« excessif du capital, autorisé en Angleterre et en Bel-
« gique, pour ne citer que des nations voisines, n'a pas
« été, croyons-nous, la vraie cause de la prospérité des
« sociétés dans ces pays où l'activité industrielle et com-
« merciale s'accommode mieux que chez nous de la
« forme anonyme.

« D'ailleurs, cette prospérité nous paraît contestable.
« En effet, en Angleterre notamment, le rapport du
« surveillant général des compagnies publié en avril
« 1893 constate que, pendant l'exercice clos le 31 dé-
« cembre dernier, 874 sociétés par actions ont été
« mises en liquidation. Ce chiffre n'est point pour
« nous encourager à imiter servilement l'Angleterre.

« Il faut enfin remarquer que, notre législation exi-
« geant le versement en argent du quart sur l'action
« souscrite, si nous acceptions le chiffre minimum de
« 25 francs, il suffirait, pour devenir actionnaire d'une
« société, de verser 6 fr. 25.

« M. Clausel de Coussergues parle aussi de la parti-

« cipation des ouvriers aux bénéfices, et espère qu'elle
« pourra être en partie réalisée en permettant à tous
« les collaborateurs d'une entreprise d'y prendre part
« moyennant une mise de fonds très faible.

« Nous admettons volontiers que la participation des
« ouvriers aux bénéfices doit être encouragée et favo-
« risée par le Parlement, mais nous ne croyons pas
« qu'il soit prudent de la réaliser sous cette forme.
« Est-il sage de pousser le travailleur dans cette voie,
« et d'engager sa modeste obole dans des entreprises
« qui présentent trop souvent des chances de perte?
« Enfin, en entrant dans une société anonyme, l'ou-
« vrier prendra l'engagement de libérer son action;
« s'il est hors d'état de le faire au moment des appels
« de fonds, il sera poursuivi et les frais de justice
« dépasseront la valeur de l'action elle-même, si cette
« valeur initiale est trop faible.

« Ces raisons nous ont déterminés à repousser le
« chiffre de 25 francs. »

M. Poirrier dans son amendement accepte le chiffre
de 25 francs voté par la Chambre des députés, mais
il tient compte des objections du Sénat d'une façon
très simple. D'après la loi de 1867 une société ne peut
être constituée que si chaque actionnaire verse le quart
du montant des actions par lui souscrites. Lorsqu'il
s'agira d'actions de 25 francs la libération devra être
intégrale (*Sic*, l'amendement Poirrier et notre loi de
1893, renvoi *infrà*). On ne peut plus alors objecter le
versement dérisoire du quart sur les actions de 25
francs, soit 6 fr. 25, ni les frais exagérés auxquels il
faudrait recourir pour faire compléter le versement
(18 fr. 75 restant dûs), frais qui pourraient dépasser la
valeur de l'action elle-même, ni l'inconvénient qu'il
y a à laisser l'ouvrier prendre des engagements qu'il

ne pourra peut-être pas tenir. M. Poirrier remarque
que la petite épargne pour laquelle il veut créer les
actions de 25 francs, se trouvera d'autant plus attirée
qu'elle ne craindra pas un appel de fonds; il observe
du reste que, accepter le chiffre de 25 francs avec
libération intégrale, c'est la même chose que voter le
chiffre de 100 francs de la commission du Sénat, avec
libération obligatoire du quart.

Mais alors pourquoi n'avoir pas admis le chiffre
uniforme de 25 francs, les actions devant toujours être
intégralement libérées?

Il a été dit au cours de la discussion de la loi de 1893 :
il est fâcheux, au point de vue de ses intérêts, qu'une
société soit obligée d'avoir en mains *ab initio* la totalité
de son capital. Lorsqu'une société commence ses opérations, elle n'a pas besoin de tout son capital. Exiger
d'elle qu'elle l'ait en caisse, c'est l'obliger à garder un
capital peut-être un certain temps improductif et dont
elle devra servir les intérêts aux actionnaires.

On a répondu. Cela est vrai des sociétés importantes,
non des petites sociétés. Pour celles-ci, on les constitue en vue de leurs besoins, d'où pas de capital improductif.

C'est ainsi qu'on en est arrivé tout naturellement à
la distinction des petites sociétés, au capital de 200,000
francs et au-dessous où le capital doit être versé et les
actions intégralement libérées, *ab initio*, et les grandes
sociétés au-dessus de 200.000 francs où il suffit de la
libération du quart. Le chiffre de 100 francs a été pris
comme second minimum, parce que ce chiffre avait
été adopté par la commission du Sénat (comme minimum unique, il est vrai).

Qu'on veuille bien aussi remarquer que la grande
société, par l'importance de ses actions, ne s'adresse
pas à la petite épargne, et que l'inconvénient signalé

plus haut d'offrir à la petite épargne des titres qui ne seraient pas intégralement libérés ne se présente pas dans l'espèce.

Nota. — Dans certaines législations étrangères, les parties peuvent faire leurs actions du chiffre qu'elles veulent. Ce système n'a pas été discuté; on serait retombé dans les inconvénients du Code de 1807.

Une question annexe s'est soulevée devant le Sénat. Un membre de la Chambre haute a rappelé que le décret du 7 février 1880 précisant les conditions d'admission à la cote de la Bourse des actions des sociétés étrangères, décidait que ces actions ne seraient admises à la cote que tout autant que le capital en serait fractionné en coupures de 100 francs au moins pour un capital de 200.000 francs et au-dessous, et de 500 francs pour un capital au-dessus de 200,000 francs. Ce décret s'inspirait évidemment de l'article 1er de la loi de 1867. Les sociétés étrangères étaient, quant au chiffre de leurs actions, pour l'admission à la cote de la Bourse, mises sur le même pied que les sociétés françaises. La modification de l'article 1er de la loi de 1867 ne devait-elle pas avoir un contre-coup sur ce décret?

Le commissaire du gouvernement répondit affirmativement. Le décret de 1880 devait être mis en concordance avec la loi nouvelle comme il l'était avec la loi de 1867. Un décret, en effet, a été porté en date du 1er décembre 1893 (*Journal officiel* du 5 décembre): d'après ce décret, les actions des sociétés étrangères ne seront admises à la cote que si leur chiffre minimum est de 25 francs, pour un capital n'excédant pas 200,000 francs (libération intégrale exigée, bien entendu), et de 100 francs pour un capital supérieur à 200,000 francs.

La loi de 1893 s'occupe ainsi de la forme des actions et rétablit le système de la loi de 1856.

b) Forme des actions.

Article 2 de la loi de 1893. « L'article 3 (de la loi de « 1867) est modifié comme suit. » Article 3 : « Les « actions sont nominatives jusqu'à leur entière libéra- « tion. »

Pourquoi?

M. Thévenet (rapport au Sénat) va nous renseigner : « Aux termes de la loi de 1867, les actions peuvent être « mises au porteur, lorsqu'elles ont été libérées de moi- « tié. Ainsi, une action de 500 francs pourra cesser « d'être nominative lorsque son propriétaire aura versé « 250 francs.

« L'expérience a démontré combien cette faculté don- « née à l'actionnaire pouvait être préjudiciable aux « tiers. Imaginez, par exemple, un capital de 10 mil- « lions, sur lequel 5 millions auront été versés; sup- « posez que la société tombe en faillite. Le syndic aura « pour premier devoir d'appeler tout ou partie du « capital promis par les associés et qui devient indis- « pensable afin d'éteindre le passif.

« Or, à qui pourra-t-il s'adresser si les titres ont été « mis au porteur? Le titre au porteur circule de mains « en mains presque comme le billet de banque. Il est « impossible, à moins de circonstances exceptionnelles, « de savoir quels ont été ses détenteurs successifs, et « surtout quel est celui qui le possède au moment de « la faillite.

« Le porteur de cette action qui ne donne plus main- « tenant droit à un bénéfice, mais qui soumet à une « perte, s'empressera de la faire disparaître, et le syn- « dic ne trouvera plus aucun de ces associés qui avaient « promis une mise de fonds déterminée, mais dont la « promesse peut être si facilement éludée. Dans notre

« hypothèse, les créanciers de la société avaient compté
« sur un capital de 10 millions. Ils n'en auront que la
« moitié, déjà absorbée par les opérations sociales qui
« ont été mauvaises.

« Le congrès des sociétés, tenu en 1889, sous la pré-
« sidence de l'éminent M. Larombière, avait signalé cet
« abus avec beaucoup de force.

« Tout le monde est d'avis qu'il est urgent d'y mettre
« un terme.

« Le projet interdit la mise au porteur des actions
« avant leur libération intégrale. »

Un autre argument a été produit par M. Clausel de
Coussergues dans son rapport à la Chambre des députés. Il n'y avait au fond, d'après lui, qu'une raison
pour permettre la mise des actions au porteur après
libération de moitié, c'était d'en rendre la circulation
plus facile, à raison de leur valeur moindre; en réalité, on faisait ou à peu de chose près des actions de
250 francs au lieu de 500 francs, taux nominal exigé
par la loi. Avec l'abaissement du minimum réalisé par
la loi nouvelle, il n'y a plus aucun intérêt.

La décision de la loi de 1893 nous amène à rechercher à quelles conditions les actions, nominatives jusqu'à la libération, pourront être converties en actions
au porteur.

Si on se pose la même question sous l'empire de la
loi de 1867, on trouve trois conditions : 1° l'existence,
dans les statuts constitutifs de la société, d'une clause
admettant la transformation; 2° la libération de moitié;
3° vote de l'assemblée générale des actionnaires autorisant la conversion.

La deuxième condition est évidemment modifiée par
la loi de 1893; la libération de moitié ne suffit pas; il
faut la libération intégrale des actions.

Quid, des deux autres conditions?

Voyons leur raison d'être.

Pour expliquer la première condition, on disait : Une clause dans les statuts est exigée, afin que les intéressés (actionnaires, créanciers sociaux) soient avertis que les actions nominatives pourront être converties en actions au porteur avant libération intégrale, et qu'ainsi une partie du capital se trouvera de réalisation douteuse. La clause doit se trouver dans les statuts constitutifs, sans cela, par une modification des statuts, les actionnaires pourraient enlever aux tiers qui comptaient sur le versement intégral une partie de leurs espérances.

Du moment où, d'après la loi de 1893, la conversion ne peut avoir lieu qu'après libération intégrale, les tiers sont absolument désintéressés. Mais la clause, dans les statuts, est encore exigée à un autre point de vue. Elle n'est autre chose que la manifestation de la volonté sociale, consentant à avoir des actions au porteur, et à ce point de vue là, même depuis la loi de 1893, il faudra une clause des statuts, mais cette clause ne sera pas nécessairement dans les statuts constitutifs.

Comment expliquer la troisième condition, le vote de l'assemblée générale autorisant la conversion, sous l'empire de la loi de 1867 ?

L'assemblée générale avait pour rôle de rechercher si les deux premières conditions (clause des statuts, libération de moitié) étaient remplies et d'examiner si l'état des affaires de la société autorisait la conversion, cette conversion rendant moins probable la réalisation du surplus du capital. Évidemment, aujourd'hui, depuis la loi de 1893, le rôle de l'assemblée générale va se trouver diminué ; la conversion ne pouvant avoir lieu qu'après libération totale, l'état des affaires sociales ne présentera plus d'intérêt à ce sujet, mais il y aura toujours à procéder à certaines vérifications, à voir non plus si les actions sont libérées de moitié, mais si elles sont intégralement libérées.

En définitive, pour la conversion des actions nominatives en actions au porteur, nous exigerons, depuis comme avant la loi de 1893, une délibération de l'assemblée générale des actionnaires et une clause dans les statuts, mais non dans les statuts constitutifs.

On peut faire une objection et dire : il semble qu'une seule et même assemblée pourrait et modifier les statuts afin de permettre la conversion, et vérifier les conditions de conversion, donc la voter. Il n'y a pas besoin de deux manifestations successives de la volonté sociale.

Nous l'admettrions volontiers dans la société en commandite par actions. Pour la société anonyme, il faudrait évidemment que l'assemblée générale réunit les conditions de tenue de l'article 31 de la loi de 1867, car seule l'assemblée conforme à l'article 31 peut valablement modifier les statuts.

3e Versement à faire par les actionnaires.

D'après la loi de 1867 pour la constitution des sociétés par actions, il faut la souscription de la totalité du capital social et le versement par chaque actionnaire du quart du montant des actions par lui souscrites (art. 1er et 24 de la loi de 1867).

Avant d'aborder la loi de 1893, notons que, d'après la loi de 1867, la souscription de la totalité du capital social et les versements faits par les actionnaires doivent être constatés par certaines pièces, une déclaration du gérant dans un acte notarié pour la société en commandite (art. 1er), une pareille déclaration des fondateurs de la société anonyme (art. 24). Évidemment, ces déclarations ne devront pas se borner à constater comme jadis le versement du quart par chaque action-

naire, versement du quart qui était seul exigé, mais
tantôt le versement du quart, tantôt le versement intégral. Au sujet de ce versement intégral, nous trouvons
une difficulté. Nous allons voir tout à l'heure que les
actions d'apport doivent être intégralement libérées.
Les déclarations devront-elles viser la libération des
actions d'apport? Logiquement oui. *Est eadem ratio.*
Cependant, nous sommes d'un avis opposé. Si les déclarations ne visent pas la libération des actions d'apport,
et si elles doivent viser cette libération, la sanction
consiste dans la nullité de la société (art. 7, 4, 44, 24
de la loi de 1867). Or, le législateur de 1893 n'édicte
la libération des actions d'apport que dans l'article 3
nouveau de la loi de 1867, et, d'après l'article 1er, les
déclarations du gérant ou des fondateurs s'appliquent
uniquement aux versements prescrits par cet article 1er.

Arrivons à notre loi de 1893.

Voici comment elle s'exprime :

« Art. 1er. — Les §§ 1 et 2 de l'article 1er de la loi du
« 24 juillet 1867 sont modifiés comme suit :

« § 1. (Voir *supra*, page 46).

« § 2. — Elles (les sociétés en commandite, mais
« cela s'applique aussi aux sociétés anonymes, renvoi
« de l'art. 24), ne peuvent être définitivement consti-
« tuées qu'après la souscription de la totalité du capital
« et le versement en espèces, par chaque actionnaire,
« du montant des actions ou coupures d'actions sous-
« crites par lui, lorsqu'elles n'excèdent pas 25 francs,
« et du quart au moins des actions lorsqu'elles sont de
« 100 francs et au-dessus. »

Ce texte nouveau contient d'abord une précision que
n'avait pas faite la loi de 1867: le versement doit être
fait en espèces; ensuite il y a des cas où le versement
doit être intégral.

Voyons, d'abord, la précision résultant du mot « es-
« pèces. » Dans le silence de la loi de 1867, on s'était
demandé ce qu'il fallait entendre par versement. Était-
ce synonyme de paiement en numéraire? Il s'était établi sur ce point une jurisprudence avec laquelle la loi
nouvelle a voulu briser. La preuve en résulte, non pas
des travaux préparatoires de la loi de 1893 (ils sont
absolument muets), mais des travaux préparatoires du
projet voté par le Sénat en 1884; c'est, en effet, au
projet du Sénat que notre mot « versement en espèces »
a été emprunté. Parlant du projet du gouvernement,
M. Bozérian s'exprimait de la façon suivante : « Le
« second paragraphe de cet article portait que la société
« ne pourrait être définitivement constituée qu'après le
« versement par chaque actionnaire du quart au moins
« du montant des actions par lui souscrites. A ces mots :
« le quart du montant, » nous avons ajouté les mots :
« en espèces » pour couper court à une jurisprudence
« trop indulgente, suivant la commission, qui a admis
« la validité d'un versement en valeurs, quand ces
« valeurs seraient, pour nous servir des termes d'un
« arrêt, d'une réalisation immédiate et certaine, tantôt
« d'un versement par voie de compensation, compensa-
« tion qui paraît d'ailleurs difficile et même impossible,
« puisque la société ne peut devenir débitrice qu'après
« sa constitution et que le versement est dû antérieure-
« ment à cette constitution. » D'après M. Bozérian,
d'après le projet voté par le Sénat en 1884, d'après la
loi nouvelle de 1893, il faut donc, dorénavant, refuser
d'assimiler au versement en numéraire le paiement en
valeurs d'une réalisation même facile et certaine, telles
que bons du Trésor payables à vue, chèques, coupons
échus. La pensée du législateur est ici certaine et on
ne peut que déplorer sa rigueur.

Peut-il être satisfait à la condition du versement par
voie de compensation?

Il semble que le rapport de M. Bozérian, transcrit plus haut, implique que le versement par voie de compensation ne peut pas être admis. (*Sic*, Lyon-Caen et Renault, *Appendice au traité de droit commercial.*)

Nous croyons cependant que cette idée est exagérée et qu'il faut faire une distinction. Ou bien il s'agit de la constitution de la société, ou il s'agit d'une émission d'actions à titre d'augmentation du capital social. Dans le premier cas, nous n'admettrons pas le versement par voie de compensation; nous l'admettrons au contraire dans le second. Pour comprendre notre raisonnement, il faut savoir que les dispositions de la loi de 1893, que nous étudions en ce moment, et qui ne peuvent avoir d'effet rétroactif, nous paraissent (voir *infrà*) devoir s'appliquer aux émissions d'actions faites postérieurement à la loi nouvelle à titre d'augmentation du capital social.

Voici notre raisonnement. Qu'entend-on par compensation? La compensation n'est autre chose qu'un paiement abrégé. Primus doit 1,000 francs à Secundus; Secundus devient son débiteur de la même somme; les deux dettes s'éteignent du moment où elles coexistent; c'est *brevitatis causa*, comme si Primus avait reçu de Secundus les 1,000 francs que ce dernier lui devait et les lui avait immédiatement payés. Lorsque l'objet des deux dettes consiste en numéraire, la compensation n'est autre chose qu'un paiement en numéraire, en espèces.

Mais alors pourquoi ne pas admettre d'une façon générale, même s'il s'agit de la constitution de la société et non de l'augmentation du capital social, le versement par compensation? C'est que la compensation suppose deux personnes respectivement créancières et débitrices l'une de l'autre. Or « la société ne peut deve- « nir débitrice qu'après sa constitution et le versement « est dû avant cette constitution. » Le même raisonne-

ment ne se présente pas s'il s'agit d'augmentation du
capital social. Si donc un créancier de la société sous-
crivait à des actions émises à titre d'augmentation du
capital social, et que sa créance réunisse les conditions
voulues pour la compensation légale, par le simple jeu
de cette compensation il y aurait versement en espèces
et versement valable.

Qu'on n'objecte pas le rapport de M. Bozérian.

Il résulte du passage transcrit plus haut que M. Bozérian n'a prévu que le versement par compensation à la
constitution même de la société; le raisonnement que
nous avons fait nous-même pour repousser la compensation dans ce cas, était emprunté au rapport de M.
Bozérian. Bien plus. M. Bozérian fait allusion à une
opinion contraire de M. Demolombe, et à certains termes
employés par cet éminent professeur « c'est une subtilité
« indigne de la simplicité et de la dignité de la loi. » Or
M. Demolombe s'est exprimé ainsi et a manifesté cette
opinion dans une consultation que nous trouvons sous
un arrêt de cassation du 13 mars 1876 (Dalloz, 1877.1.
49), et cet arrêt de cassation est intervenu dans une
espèce où il s'agissait précisément de la constitution ori-
ginaire d'une société et non d'augmentation du capital
social. Nous pouvons donc maintenir notre opinion.

Notre nouveau texte indique qu'il y a des cas où le
versement partiel du quart sur chaque action ne suffit
pas, où il faut un versement intégral pour la constitution
de la société.

Quels sont ces cas?

Le texte est fort mal rédigé. Il en résulte que l'action
qui n'excède pas 25 francs doit être intégralement libérée, que l'action de 100 francs et au-dessus doit être
libérée du quart, mais il ne nous dit pas de combien
doit être libérée l'action de plus de 25 francs et de moins
de 100 francs. *Quid?*

Dans leur appendice au traité de droit commercial MM. Lyon-Caen et Renault se prononcent pour le versement du quart. Il faut rechercher, disent-ils, quelle est la règle : le versement intégral ou le versement du quart. Dans le silence de la loi il faut appliquer la règle au cas non prévu par elle en termes exprès. Or la règle est sans contestation possible le versement du quart : depuis que les sociétés par actions ont commencé à être réglementées en France, c'est-à-dire à partir de 1856, un versement partiel a toujours été suffisant (*Sic*, la loi du 17 juillet 1856, art. 1er, la loi du 23 mai 1863, art. 4, la loi du 24 juillet 1867, art. 1er). Le projet adopté par le Sénat en 1884, la proposition de loi devenue la loi du 1er août 1893, reproduisaient la même disposition qui a été adoptée par la Chambre des députés et en première lecture par le Sénat. C'est seulement lors de la seconde lecture faite dans cette assemblée que fut adopté un amendement admettant à la fois les actions de 25 francs, et exigeant sur elles un versement intégral avant la constitution de la société. Cet amendement a été présenté dans la discussion comme apportant une exception ou restriction au principe du versement du quart.

Cette argumentation, reproduite ici textuellement, n'empêche pas MM. Lyon-Caen et Renault de regretter la décision du législateur. Il leur semble bizarre que la quotité des versements à faire diminue, bien que le montant des actions augmente. Sur des actions de 25 francs, cette somme soit le montant total doit être versé : sur des actions de 26 francs le quart seul doit être versé soit 6 fr. 50. Comme conclusion ces éminents professeurs voudraient que le législateur admît un système rationnel où le versement initial fût du quart, sans pouvoir être inférieur à 25 francs.

Ce système rationnel est, d'après un autre auteur M.

Houpin, *Gazette des tribunaux*, n° 20 décembre 1893) celui du législateur de 1893. L'argumentation de M. Houpin peut produire en sa faveur un document important et récent. Nous avons parlé d'un décret en date du 1er décembre 1893 (*Journal officiel* du 5 décembre) relatif à l'admission à la cote des actions des sociétés étrangères. Le décret du 6 février 1880 était corrélatif à la loi du 24 juillet 1867; le décret du 1er décembre 1893 veut se conformer à la loi nouvelle du 1er août 1893. Après avoir déclaré que pour être admises à la cote les actions des sociétés étrangères ne pourront être de moins de 25 francs, lorsque le capital n'excède pas 200,000 francs, ni de moins de 100 francs lorsque le capital est supérieur à 200,000 francs, le décret ajoute : les actions devront être libérées de 25 francs lorsqu'elles seront inférieures à 100 francs, et au moins jusqu'à concurrence du quart lorsqu'elles seront supérieures à 100 francs.

Malgré l'autorité de ce décret, la question reste entière, le pouvoir exécutif ne pouvant interpréter aujourd'hui la loi et nous allons tâcher de démontrer que les actions de plus de 25 francs et de moins de 100 francs doivent être intégralement libérées. (*Sic*, Albert Wahl, *Etude sur l'augmentation du capital dans les sociétés anonymes et les sociétés en commandite par actions, appendice.*)

Nous sommes absolument d'accord avec M. Houpin, lorsqu'il déclare qu'à défaut d'un texte précis il faut consulter l'esprit de la loi, tel qu'il résulte des travaux préparatoires, mais nous croyons qu'il ne tient pas suffisamment compte de cet esprit de la loi (*à fortiori*, MM. Lyon-Caen et Renault).

Réfutons d'abord le système de MM. Lyon-Caen et Renault.

Pourquoi les actions de 25 francs doivent-elles être

libérées intégralement? Sans cette libération intégrale
on pourrait objecter le caractère dérisoire du versement du quart sur des actions de 25 francs (soit 6 fr. 25)
les frais exagérés auxquels il faudrait recourir pour faire
compléter les versements (18 fr. 75 restant dûs) frais
qui pourraient dépasser la valeur de l'action elle-même
(Voir *suprà*), mais alors ces raisons s'opposent à toute
libération d'action inférieure à 25 francs. L'esprit de la
loi y est absolument contraire.

MM. Lyon-Caen et Renault déclarent qu'aujourd'hui
encore la règle en matière de libération d'actions c'est
le versement du quart; que le versement total n'est
qu'une exception. Est-ce bien exact? Sous l'empire de
la loi de 1867, il n'y a pas de doute. La règle c'est le
versement partiel. Mais aujourd'hui il en est différemment. Nous avons deux règles différentes; pour certaines actions il faut le versement total, pour d'autres il
faut le versement du quart, nous n'avons pas une règle
et une exception.

Jusqu'à présent nous avons essayé de réfuter le système de MM. Lyon-Caen et Renault. Qu'on le remarque,
nous n'avons pas tiré argument de ce que notre texte
ne parle de la libération du quart que pour les actions
de 100 francs et au-dessus; en effet, on pourrait nous
répondre que le principe du versement intégral n'est
posé que pour les actions qui n'excèdent pas 25 francs.

Réfutons maintenant le système de M. Houpin. Nos
arguments contre l'opinion de M. Houpin sont autant
d'arguments contre l'opinion de MM. Lyon-Caen et
Renault (à une exception près).

Nous ferons d'abord valoir que le législateur paraît
bien indiquer qu'il connaît seulement deux types d'actions, les actions qui doivent être intégralement libérées, et les actions qui ne doivent être libérées que du
quart; or, M. Houpin et le décret précité introduisent

une troisième catégorie d'actions, les actions qui doivent être libérées du quart sans que la libération puisse être inférieure à 25 francs.

Voilà une première objection à ce système.

Nous faisons valoir un autre argument qui nous paraît décisif.

Lorsqu'on a créé les actions de 25 francs, pourquoi a-t-on exigé leur libération intégrale? Entre autres raisons on a dit : les actions de 25 francs s'adressent à la petite épargne, et il est mauvais d'offrir à la petite épargne des titres non libérés. D'où le législateur de 1893 a posé la règle : petite épargne, titres intégralement libérés.

Pourquoi le législateur de 1893 a-t-il admis un autre type d'actions que les actions de 25 francs intégralement libérées? C'est qu'il a considéré qu'il était mauvais pour les grandes sociétés d'avoir nécessairement tout leur capital en caisse du jour de leur constitution. D'où la distinction des petites sociétés où le versement des actions doit être intégral, et des grandes sociétés où il peut n'être que partiel. Mais pourquoi les petites sociétés doivent-elles avoir leur capital intégralement versé; c'est que pour le législateur, les petites sociétés s'adressent à la petite épargne, et que les titres qui sont affectés à la petite épargne doivent être libérés intégralement. Nous pouvons donc compléter la règle établie plus haut et dire : petites sociétés, petite épargne, titres intégralement libérés.

Nous arrivons à la conclusion de notre argument. Quelles sont les petites sociétés? Ce sont les sociétés dont le capital n'excède pas 200,000 francs. Les titres de ces sociétés sont les titres de 25 à 100 francs. Donc les titres de 25 à 100 francs s'adressent à la petite épargne et doivent être libérés intégralement.

Ne peut-on pas nous faire une objection?

N'est-il pas bizarre, sur une action de 100 francs, d'exiger une libération du quart, soit de 25 francs, et sur une action de moins de 100 francs, par exemple de 60 francs, d'exiger la libération intégrale? MM. Lyon-Caen et Renault, à propos de leur système, disaient déjà qu'il était étrange de voir le versement diminuer lorsque le chiffre de l'action augmente.

Ce résultat ne nous choque pas du tout, parce qu'il cadre avec l'intention du législateur; il n'est pas question ici de logique absolue; on ne peut poser en règle que l'importance des versements doit croître régulièrement avec la valeur de l'action, mais de logique relative, eu égard à l'intention du législateur. Les idées du législateur étant multiples, on peut arriver à des résultats, en apparence contradictoires si on ne tient pas compte de ces idées. Ainsi, pourquoi le système de MM. Lyon-Caen et Renault nous semble-t-il inadmissible? C'est parce que, notamment, le législateur considère tout versement inférieur à 25 francs comme un versement dérisoire, et que MM. Lyon-Caen et Renault aboutissent pour les actions entre 25 et 100 francs, à admettre un versement pareillement dérisoire.

Mais il n'est pas illogique d'admettre que sur les actions de 100 francs, un versement de 25 francs suffira, tandis que sur une action de 60 francs, il faudra le versement des 60 francs, parce qu'ici le législateur part d'une autre idée, de l'idée que la petite épargne ne doit être attirée que vers les actions libérées, et de la distinction des petites sociétés où le versement du capital social doit être intégral, et des grandes sociétés qui n'ont pas besoin du capital total *ab initio*.

Ne peut-on pas faire une autre objection? Du moment où le législateur distingue entre les grandes et les petites sociétés, il devrait exiger le versement intégral dans les petites sociétés, quelle que soit la valeur de l'action, que ce soit une action de 25 francs, de 25 à 100 francs, et même au-dessus de 100 francs. Or, il est certain que les actions de 100 francs, et plus, même dans les sociétés de moins de 200,000 francs, ne doivent être obligatoirement libérées que du quart. N'y a-t-il pas là une considération qui ruine complètement notre système?

Voici notre réponse.

Nous avons dit que les deux idées, petite société, petite épargne, grande société, grande épargne, allaient de pair et c'est à cause de cela, parce que la petite épargne ne doit être dirigée que vers des actions intégralement libérées, que les actions des petites sociétés doivent être intégralement libérées. Mais il se peut que la petite société ne se propose pas à la petite épargne, c'est lorsque son capital se divisera en actions de 100 francs et au-dessus. Dans cette hypothèse là, au point de vue de la division du capital social, la petite société se gère comme la grande société; ne s'adressant plus à la petite épargne, il n'y a plus aucune raison pour exiger la libération intégrale. La libération du quart suffit.

En d'autres termes, la question de savoir si une société a besoin *ab initio* de tout son capital, dépend de chaque société; le législateur n'a pas à intervenir. Si les actions qui ne peuvent être émises que par les petites sociétés, c'est-à-dire les actions de 25 à 100 francs doivent être intégralement libérées, c'est qu'elles s'adressent à la petite épargne, et il n'y a pas d'inconvénient à cette libération d'après le législateur, parce que les petites sociétés ont ordinairement besoin de tout leur capital. Mais si les actions sont d'un chiffre tellement élevé qu'elles ne s'adressent pas à la petite épargne, le législateur n'intervient pas; c'est à chaque société à savoir si elle a besoin de tout son capital;

le législateur n'exige que le versement du quart. Il est aussi possible à la petite société en divisant son capital en actions de 100 francs et au-dessus, de se dispenser d'avoir tout son capital *ab initio*, qu'il est permis à une grande société, qui a besoin dès le début de tout son capital, d'exiger le versement intégral.

D'après la loi de 1893, il est encore un autre cas où la libération totale des actions est exigée pour la constitution d'une société.

L'article 2 de la loi nouvelle porte :

« L'article 3 (de la loi de 1867) est modifié comme « suit : Art. 3. ..... Les actions représentant des apports « devront toujours être intégralement libérées au mo-« ment de la constitution de la société. »

Il s'agit d'actions représentant des apports en nature. Mais il existe deux sortes d'actions représentant des apports en nature : les unes correspondent à des apports, exclusivement en nature ; les autres à des apports partie en nature, partie en numéraire. Le texte nouveau, sous peine de dire une naïveté s'applique tout spécialement à cette deuxième espèce d'actions, aux actions mixtes. En effet, les actions qui représentent exclusivement des apports en nature sont toujours, par la force même des choses, libérées dès la constitution de la société. D'où le législateur n'avait pas besoin d'en parler. Déclarant que les actions mixtes doivent être intégralement libérées, la loi de 1893 veut dire que pour la constitution de la société, il faut que la somme nécessaire, pour combler dans l'action mixte la différence entre la valeur de l'apport en nature et le montant de l'action, soit versée intégralement.

Cette décision de la loi de 1893 a des conséquences théoriques importantes. D'abord le caractère licite des actions mixtes ne peut plus aujourd'hui être contesté.

Ensuite une discussion qui s'élevait sous l'empire de la loi de 1867 est aujourd'hui absolument supprimée. La voici : la loi de 1867 exigeant sur les actions le versement du quart, on se demandait comment entendre cette exigence de la loi en matière d'actions mixtes. Fallait-il sur ces actions que le quart fût versé en espèces, ou bien suffisait-il que l'apport en nature eût une valeur correspondant au moins au quart du montant de l'action. Évidemment aujourd'hui l'action mixte devant être libérée intégralement, la question ne se posera plus.

Le législateur par notre nouveau texte s'est proposé évidemment de diminuer le nombre des actions mixtes. Il les voit en effet avec défaveur : les actions mixtes permettent d'attribuer à ceux qui font des apports en nature un plus grand nombre de titres, et diminuent l'appel fait au public par voie de souscription ; d'où, d'une part, les majorations d'apport en nature, si dangereuses pour les sociétés, se trouvent facilitées, et les apporteurs d'autre part, par la multiplicité des actions peuvent multiplier les spéculations auxquelles ils se livrent trop souvent.

4° Prohibition temporaire de la négociation des actions d'apport.

Notre article 2 contient encore une règle nouvelle de constitution (précisément en vue d'empêcher la majoration des apports en nature) règle sur laquelle du reste nous aurons l'occasion de revenir plus tard, il déclare : « L'article 3 (de la loi de 1867) est modifié comme suit : « Art. 3. ..... Ces actions (les actions d'apport) ne peu- « vent être détachées de la société et ne sont négociables « que deux ans après la constitution définitive de la « société. Pendant ce temps elles devront, à la dili-

« gence des administrateurs (ou gérants) être frappées
« d'un timbre indiquant leur nature et la date de cette
« constitution. »

La loi de 1893 contient, comme nous l'avons vu, des
dispositions nouvelles sur la constitution des sociétés
par actions. Ces dispositions ont-elles un effet rétroactif,
c'est-à-dire s'appliquent-elles aux sociétés antérieurement constituées?

Le bon sens indique que ces règles ne peuvent être
rétroactives. La validité d'un contrat (le contrat de société entre autres) ne peut s'apprécier que d'après les
règles en vigueur au moment de sa formation.

Seulement il faut faire une réserve.

Si une société constituée antérieurement à la loi de
1893 veut, postérieurement à cette loi, augmenter son
capital social, la loi de 1893 régira cette augmentation.
Nous croyons (question discutée) que l'augmentation du
capital social est subordonnée aux mêmes conditions
que s'il s'agissait de la constitution de la société. La loi
de 1893 s'appliquera donc à cette augmentation du capital social avec ses dispositions favorables et défavora-
bles. Ainsi, soit une émission nouvelle d'actions. Cette
émission devra se conformer aux dispositions de la loi
de 1893 quant au chiffre de l'action, quant à la forme,
quant à la libération totale ou partielle.

Nous rencontrons ici une question qu'il faut étudier.
Soit une société antérieure à la loi de 1893. Elle ne
modifie pas son capital social. Peut-elle alléger ses
actions, les diviser en coupures de l'importance fixée
par la loi nouvelle? Si par exemple son capital social
n'excède pas 200,000 francs, ne peut-elle pas diviser ses
actions émises à 100 francs en titres de 25 francs? Si le
capital social excède 200.000 francs, les actions émises
à 500 francs ne pourront-elles se diviser en titres plus
petits, en titres de 100 francs, et à quelles conditions?

Il est tout d'abord un point que nous considérons comme certain. Parmi les règles nouvelles de constitution des sociétés par actions, il en est qui sont indivisibles, de telle sorte qu'une société ne pourrait rationnellement se placer à la fois pour les mêmes actions (pour les actions nouvelles émises à titre d'augmentation de capital, voir *supra*), sous l'application et en dehors de l'application de la loi de 1893. Nous croyons qu'il faut rapprocher du minimum nouveau établi par la loi de 1893 les règles posées par cette loi sur la libération totale des actions de capital dans certains cas (par opposition avec les actions d'apport) et sur la mise des actions au porteur seulement après libération intégrale. En effet, pourquoi la loi nouvelle prohibe-t-elle la mise au porteur des actions avant libération intégrale, que permettait la loi de 1867 ; c'est que la situation a été modifiée ; la raison pour laquelle la loi de 1867 permettait cette mise au porteur avant libération intégrale se tirait du chiffre minimum trop élevé des actions ; on permettait ainsi, à peu de chose près, de faire des actions de 250 francs au lieu de 500 francs. Avec la loi de 1893, et le minimum très abaissé, il en est différemment. On peut de même déclarer que les pouvoirs publics n'auraient pas abaissé le minimum à 25 francs s'ils n'avaient pas exigé en même temps la libération totale. Donc il y a bien un lien indissoluble entre les diverses règles que nous venons de rappeler.

Il en est différemment des autres. Elles auraient parfaitement pu être admises bien que le chiffre minimum des actions n'eût pas été abaissé.

Pourquoi est-il défendu de négocier les actions d'apport pendant deux ans à compter de la constitution de la société ? C'est tout simplement pour augmenter les garanties de sincérité des apports... Pourquoi exiger la libération totale des actions d'apport ? C'est pour rendre moins fréquentes les actions mixtes dont l'un des inconvénients est de favoriser la majoration des apports.

Quid, enfin de la précision apportée par un des textes de la loi de 1893 au sujet des versements qui doivent être faits *en espèces*? Il y a là moins une règle nouvelle que la condamnation d'une jurisprudence jugée trop indulgente par la loi.

Voici ce que nous déduisons de tout ce développement. S'agit-il d'une société qui s'est mise par avance dans des conditions réfractaires à l'application de la loi de 1893, en principe la division des actions pour les réduire conformément aux prescriptions de cette loi, sera impossible (Voir cependant *infra*).

S'agit-il d'une société qui ne se trouve pas dans cette situation, rien n'empêchera l'allègement des titres. Qu'on veuille même bien remarquer que le vœu de la loi est en faveur de cet allègement. Du moment où le législateur trouve les anciens titres trop lourds il ne peut qu'applaudir à toute initiative qui les allègera, pourvu que ce soit possible, et il est, nous le répétons, certaines règles de la loi nouvelle assez étroitement unies pour qu'il soit impossible à la société de se placer sous l'application des unes, après avoir par avance méconnu les autres.

Si donc une société antérieure à 1893 n'ayant pas ses titres entièrement libérés a cependant des actions au porteur comme le permettait la loi de 1867, alors la division des actions primitives en actions plus faibles sera impossible.

De même si une société de capital inférieur à 200,000 francs n'a pas ses titres intégralement libérés, elle ne pourra diviser ses actions en coupons de 25 francs.

Dans tous les autres cas rien n'empêchera la division des actions.

Seulement à quelles conditions les actionnaires

pourront-ils voter cette division, cet allégement des titres ?

Il y a là une question que nous réservons pour le moment. Tout dépend de l'opinion qu'on a sur les pouvoirs des assemblées générales d'actionnaires et c'est un point que nous traiterons plus loin.

Une question accessoire.

Il peut arriver qu'une société antérieure à la loi de 1893 n'ait pas de titres au porteur mais que ses statuts contiennent une clause permettant la conversion avant libération intégrale. Il faudra évidemment que cette clause soit supprimée pour que la division des actions puisse avoir lieu. Renvoi encore aux pouvoirs des assemblées générales d'actionnaires.

Nous venons d'indiquer qu'il est des cas où la division des titres de sociétés antérieures à 1893 en coupures plus petites conformément à cette loi est impossible. Nous avons dit que cette impossibilité se rencontrait toutes les fois où la société s'est mise par avance dans des conditions réfractaires à l'application de la loi de 1893. On peut se demander si la situation ne peut pas se modifier de telle sorte que la division des titres devienne possible.

Soit une société antérieure à la loi de 1893 et ayant des titres au porteur. Si les actions sont toutes intégralement libérées, rien n'empêchera la division des titres, sans se préoccuper si la mise des titres au porteur a eu lieu avant libération intégrale. La société a, en effet, au point de vue de la loi de 1893, régularisé sa situation.

Si les titres ne sont pas encore libérés, il n'y aura qu'à attendre leur libération et alors la division pourra avoir lieu. Si les statuts contiennent des époques fixes de versements, il y aurait lieu de se demander si l'assemblée générale pourrait avancer l'époque des versements de façon à avoir des actions entièrement libérées.

Ce que nous venons de dire de la libération des actions devrait être transporté s'il s'agissait d'une société ayant un capital n'excédant pas 200.000 francs et voulant diviser ses actions en coupures de 25 francs.

La société, dans l'hypothèse de titres mis au porteur avant libération intégrale, ne pourrait-elle pas au lieu d'exiger la libération opérer une sorte de conversion inverse ou reconversion des titres au porteur en titres nominatifs pour bénéficier de la division des actions en petites coupures?

Renvoi encore aux pouvoirs des assemblées générales.

Cependant si les titres ne se trouvaient pas tous entre les mains des souscripteurs primitifs, la reconversion rencontrerait un obstacle spécial. Elle ne pourrait en effet nuire aux droits acquis à des tiers. Nous faisons allusion (voir *infrà*) aux modifications que le vote de l'assemblée générale autorisant la concession des titres nominatifs en titres au porteur apporte dans la situation des souscripteurs primitifs et des actionnaires successifs des actions. Ces situations acquises ne pourraient être modifiées; et la reconversion pour être possible doit effacer la précédente conversion avec toutes ses conséquences.

La loi de 1893 applique notre idée que les dispositions nouvelles sur la constitution des sociétés ne pouvait avoir d'effet rétroactif. Article 7 (dispositions transitoires) : « Pour les sociétés par actions en commandite « ou anonymes déjà existantes sans distinction entre « celles antérieures à la loi de 1867 et celles postérieu- « res, il n'est pas dérogé à la faculté qu'elles peuvent « avoir de convertir leurs actions en titres au porteur « avant libération intégrale. »

Comme il a été dit dans les travaux préparatoires, « Le législateur règle le cas des sociétés qui ont encore « des actions partiellement libérées; il ne pouvait en

« bonne justice contraindre à libérer, conformément
« à l'innovation de la loi de 1893, des titres créés sous
« l'empire de la loi du 24 juillet 1867. »

Le passage cité des travaux préparatoires prouve qu'il
s'agit, dans la disposition transitoire, des actions déjà
émises des sociétés antérieures à la loi de 1893 et non
des actions que les sociétés pourraient émettre postérieurement à cette loi.

Avant de passer aux sanctions des règles de constitution des sociétés par actions, il nous faut parler d'un
amendement dû à M. Poirrier et repoussé. Il s'agissait
des souscriptions d'actions. M. Poirrier aurait voulu
ajouter à l'article 1ᵉʳ de la loi les dispositions suivantes
empruntées au projet voté par le Sénat en 1884.

« Tout bulletin de souscription d'actions doit conte-
« nir : 1° l'indication sommaire de l'objet de la société ;
« — 2° le montant du capital social ; — 3° la partie du
« capital social représentée par des apports en nature ;
« — 4° la partie du capital à réaliser en espèces ; —
« 5° les avantages particuliers réservés aux fondateurs
« ou à toute autre personne ; — 6° la date de la publi-
« cation du projet d'acte de société. — Les affiches,
« prospectus, insertions dans les journaux, circulaires
« doivent contenir les mêmes énonciations. — L'omis-
« sion totale ou partielle de ces indications donne lieu
« à une responsabilité civile ou pénale, soit contre les
« auteurs de cette omission, soit contre ceux qui leur
« auront sciemment prêté leur concours. — Cette res-
« ponsabilité est limitée à une année à partir de la publi-
« cation de l'acte constitutif de la société. »

M. Poirrier, à l'appui de son amendement, faisait
valoir qu'avec l'abaissement du taux minimum de l'action la petite épargne va être sollicitée d'entrer dans les
sociétés par actions, et qu'il faut l'éclairer. M. Poirrier

faisait aussi valoir les dispositions de la loi belge de 1873, article 31, qui exige la publication préalable de l'acte de société à titre de projet et veut que les actes de souscription indiquent les principales énonciations de ce projet. — Dès 1883, la chambre de commerce de Paris, avait donné un avis en ce sens. Le rapport de M. Bozérian au Sénat en 1884 était démonstratif.

« On sait que les fondateurs de la plupart des sociétés « industrielles ou financières ont recours à des souscrip-« tions publiques. On connaît aussi la nature des « moyens qui sont trop souvent employés pour faire « réussir ces souscriptions. Les exagérations du pros-« pectus et les fantasmagories de la réclame ne sont un « mystère pour personne.

« S'il est impossible d'empêcher complètement ces « pratiques qui grâce à l'habileté des lanceurs d'affaires, « parviennent à échapper à la police correctionnelle, « il est du moins possible d'exiger que les provocations « publiques adressées aux souscripteurs soient accom-« pagnées de renseignements qui permettent à ceux-ci, « s'il veulent y faire attention, de se rendre bien compte « des principales conditions d'organisation de la société « dont ils vont devenir actionnaires.

« La publicité et la diffusion de ces renseignements « sont peut-être le meilleur remède contre les manœu-« vres dolosives ou frauduleuses. »

L'amendement Poirrier a pourtant été repoussé. Pourquoi?

On a déclaré d'une part qu'il y avait là des formalités inutiles, de l'autre que ces formalités étaient insuffi-santes pour éclairer l'épargne.

Pour qu'elle soit véritablement éclairée il faut, a-t-on dit, aller au fond des choses, consulter le pacte social.

On peut répondre : est-il bien des gens qui iront consulter le pacte social, l'ouvrier, le paysan ira-t-il?

D'autre part, si le bulletin de souscription rédigé comme le voulait M. Poirrier ne renseigne pas complètement le souscripteur, il a l'avantage de le mettre en défiance : comme l'a dit un orateur « quand l'intéressé « voit par exemple qu'il y a des parts de fondateur « considérables, des avantages particuliers réservés aux « fondateurs ou à toute autre personne, son attention « commence à s'éveiller. »

On objecte que les prospectus contiennent les renseignements suffisants. « Le paysan, répondit un sénateur, « l'ouvrier, l'homme agricole ne lit pas un prospectus, « mais il y a une chose qu'il lit généralement : c'est la « pièce au bas de laquelle il appose sa signature. »

Ajoutons : quel inconvénient présentait l'adoption de l'amendement? les sociétés n'en eussent éprouvé ni dommage, ni préjudice, ni ennui et les souscripteurs auraient pu s'éclairer sur leurs intérêts.

Nous regrettons donc le rejet de l'amendement.

Arrivons sans plus tarder aux sanctions des règles sur la constitution des sociétés par actions.

D'après la loi de 1867, ces sanctions consistent dans des pénalités, des responsabilités et dans la nullité de la société. La loi de 1893 n'a pas édicté de sanctions spéciales, mais comme ses dispositions se trouvent intercalées dans la loi de 1867, alors elles participent des sanctions de cette loi.

Les textes sur la nullité des sociétés sont : pour la commandite l'article 7, et pour la société anonyme l'article 41 de la loi de 1867.

Art. 7. « Est nulle et de nul effet à l'égard des inté- « ressés toute société en commandite par actions cons- « tituée contrairement aux prescriptions des articles 1, « 2, 3, 4 et 5 de la présente loi. Cette nullité ne peut « être opposée aux tiers par les associés. »

L'article 1er, modifié dans ses §§ 1 et 2 par la loi de 1893, art. 1, pose la règle sur le chiffre minimum des actions, la souscription de la totalité du capital social, les versements à faire par les actionnaires (partiel ou intégral, suivant les cas), la manière de constater ces souscription et versements.

Se rappeler la question que nous avons exam... résolue négativement (Voir *suprà*) : la déclaration gérants ou des fondateurs doit-elle mentionner la libération des actions d'apport?

L'article 2 défend de négocier les actions ou coupons d'actions avant le versement du quart.

On fait remarquer à ce sujet : la nullité ne peut être encourue que si la violation de l'article 2 provient d'une clause des statuts; on ne comprendrait pas que le fait d'un actionnaire de négocier ses titres, contrairement aux dispositions de l'article 2, rendit la société nulle, si cette négociation irrégulière n'était pas autorisée par les statuts.

Une observation du même genre doit être faite au sujet de la prohibition de la négociation des actions d'apport pendant un certain temps, prohibition contenue dans l'article 3.

L'article 3 (modifié par la loi de 1893) est le texte qui s'occupe de la forme des actions (nominatives jusqu'à l'entière libération), de la libération intégrale des actions d'apport au moment de la constitution de la société, de la défense de détacher ces actions de la souche et de les négocier pendant deux ans après la constitution définitive de la société, et de l'obligation imposée aux gérants et aux administrateurs de les frapper d'un timbre indiquant leur nature et la date de la constitution de la société.

La méconnaissance de cette obligation imposée aux gérants est sanctionnée par la nullité de la société. Ce qui peut paraître étrange, c'est qu'en matière de société anonyme, un texte de la loi de 1867, l'article 26, parle d'un timbre dont doivent également être frappés certains titres et qu'il n'y a pas là une règle sanctionnée par la nullité de la société. Mais on n'a qu'à faire attention que l'article 7 de la loi de 1867 vise l'article 3 de la même loi, tandis que l'article 41 qui, pour les sociétés anonymes, est l'équivalent de l'article 7, ne vise pas l'article 26.

Les articles 4 et 5 s'occupent de la vérification des apports en nature et de l'institution d'un conseil de surveillance.

L'article 7, relatif aux sociétés commandite, est à peu près copié par l'article 41, spécial aux sociétés anonymes, évidemment *mutatis mutandis*. Il n'y a qu'une différence entre les deux textes : l'article 7 porte : « Cette « nullité ne peut être opposée aux tiers par les asso- « ciés, » et l'article 41 ne contient rien de semblable. Mais on est d'accord pour supposer ce membre de phrase dans l'article 41. La nullité édictée par les deux textes se comporte de la même façon.

Quel est donc le caractère de cette nullité?

Cette nullité, d'après ses motifs, est d'ordre public ; le législateur, en effet, se propose de protéger le crédit public que pourrait compromettre la circulation de titres de sociétés viciées. Cette nullité d'ordre public est une nullité absolue; seulement à cause de la restriction « qu'elle ne peut être opposée aux tiers par les asso- « ciés, » on déclare qu'elle n'est pas absolue dans le sens strict des termes.

Sans nous occuper des personnes qui peuvent se prévaloir de la nullité (point qu'a pas touché la loi de 1893), demandons-nous si la nullité en question peut se couvrir.

Plaçons-nous d'abord avant la loi nouvelle.

On décidait, avant cette loi, par application de son caractère d'ordre public, que la nullité de la société ne pouvait aucunement se couvrir, ni par la disparition du vice qui l'infectait, ni par le laps de temps. En ce qui concerne la prescription, cependant, il y avait controverse. Certains auteurs voulaient appliquer la prescription de dix ans de l'article 1304 du Code civil. D'autres la prescription de trente ans (art. 2262, C. civ.). D'autres, pour le cas où la nullité provient d'un fait constituant, d'après la loi de 1867, un délit, voulaient soumettre l'action en nullité à la prescription de l'action publique. Nous nous sommes prononcés plus haut pour l'imprescriptibilité.

La loi de 1893 est venue bouleverser cette théorie, et aujourd'hui, avec plus de vérité encore que jadis, on peut dire que la nullité absolue que nous étudions n'est pas une nullité absolue dans le sens strict du terme.

L'article 3 de la loi de 1893 porte :

« A l'article 8 (de la loi de 1867) sont ajoutées les dispositions suivantes : « L'action en nullité de la société « ou des actes et délibérations postérieurs à sa constitution n'est plus recevable lorsque avant l'introduction de la demande, la cause de nullité a cessé d'exister..... Si, pour couvrir la nullité, une assemblée « générale devait être convoquée, l'action en nullité ne « sera plus recevable à partir de la date de la convocation régulière de cette assemblée. Ces actions en nullité contre les actes constitutifs des sociétés sont « prescrites par dix ans. »

Ce texte vise uniquement les sociétés en commandite, mais sa disposition est appliquée aux sociétés anonymes par l'article 5 de la loi de 1893.

« ... Au même article (art. 42 de la loi de 1867)

« est ajouté le § suivant : « L'action en nullité... est
« soumise aux dispositions de l'article 8 ci-dessus. »

Avant de commenter nos articles, quelle est leur
raison d'être?

Le caractère irrémédiable de la nullité de la société
avait des inconvénients et donnait prise à des abus. Ce
fut pour empêcher les uns et les autres que les dispositions nouvelles furent votées.

Pour connaître du reste la pensée du législateur de
1893, comme l'idée mère de l'innovation a été empruntée au projet du Sénat de 1884, rien n'est plus simple
que de consulter le rapport fait au Sénat. « Sous l'em-
« pire de la loi de 1867, la durée des actions en nullité,
« n'ayant été déterminée par aucune disposition spé-
« ciale, était soumise aux règles du droit commun,
« c'est-à-dire à la prescription trentenaire.

« Pendant ce laps de temps, alors même que l'exis-
« tence de la société avait été prospère, alors même que
« le vice, dont elle était infectée n'avait eu pour elle
« aucune suite fâcheuse, alors même que ce vice était
« demeuré inconnu, il était possible d'intenter un pro-
« cès qui pouvait devenir pour cette société une cause
« de désastre et de ruine. Cette situation avait donné
« lieu à des scandales qu'il importait de faire cesser.
« On avait vu dans diverses villes et notamment à Paris,
« se fonder des agences dont l'industrie consistait à
« aller prendre connaissance des actes de société déposés
« dans les greffes. Quand l'examen de ces actes avait
« révélé l'existence d'une irrégularité si minime, si
« indifférente qu'elle fût, les directeurs de ces agences
« se procuraient par l'achat d'une action ou d'une
« créance une arme de guerre contre la société. Munis
« de cette arme, devenue entre leurs mains un instru-
« ment de chantage, ils s'adressaient aux représentants
« de cette société, et, quand ceux-ci refusaient de leur

« acheter leur silence, ils élevaient la voix devant les
« tribunaux, et ceux-ci étaient forcés, à leur grand re-
« gret, d'accueillir les demandes d'annulation qui pou-
« vaient se fonder, sinon sur un motif du moins sur un
« prétexte légal.

   « Le projet a voulu faire cesser ces abus. »

Noter en passant que les législations étrangères ou
certaines tout au moins (Belgique, Allemagne, Italie)
ont pris dès avant la loi de 1893 des mesures soit pour
diminuer le nombre des nullités de sociétés, soit même
pour les exclure complètement.

Les innovations de notre loi de 1893, quant au point
qui nous occupe, tiennent en trois propositions :

1° L'action en nullité n'est plus recevable, lorsque,
avant l'introduction de la demande, la cause de nullité
a cessé d'exister.

Soit une société nulle pour défaut de souscription du
capital social, la nullité ne pourra plus être invoquée
lorsque la souscription aura été régularisée.

La disparition du vice doit avoir eu lieu avant l'introduction de la demande en nullité. La demande constitue, en effet, un droit acquis, et il est de règle qu'à
quelque moment qu'un jugement soit rendu il faut
que le demandeur ait même situation que s'il avait
obtenu justice au moment même où il a formé sa demande.

2° Il s'agit du cas particulier où pour couvrir la nullité une assemblée générale d'actionnaires doit être convoquée (par exemple une société a été constituée en fait
sans approbation régulière des apports en nature ou
des avantages particuliers). Dans cette hypothèse, l'action en nullité pour être couverte n'attend pas la tenue
même de l'assemblée, mais disparaît dès la date de la
convocation régulière de l'assemblée.

B.   6

Pour expliquer cette décision spéciale de la loi il faut dire que si la délibération seule de l'assemblée, conformément à la règle générale sur la disparition du vice, avait dû éteindre l'action en nullité, on aurait pu craindre que la convocation même de l'assemblée en faisant connaître le vice, ne provoquât la demande en nullité.

Il faut avoir soin de noter que notre deuxième proposition n'est qu'une extension *utilitatis causa* de la première.

3° L'action en nullité disparaît encore par la prescription de dix ans.

Le point de départ de cette prescription n'est pas indiqué. Il faut appliquer les principes généraux : les actions en principe se prescrivent du jour de leur naissance. D'où la prescription dont s'agit commencera à courir du jour où en fait la société a été constituée sans l'observation des règles légales.

La loi ne nous dit pas que les dix ans doivent s'être écoulés avant toute demande en nullité. C'est l'application du droit commun sur l'interruption de prescription.

Notre prescription de dix ans s'inspire pour sa durée de la prescription de l'article 1304. Il est à peine besoin de remarquer que son fondement est tout différent. Ici, en effet, pas de confirmation possible ; et l'article 1304 s'explique par une confirmation tacite. Nous sommes en présence d'une décision du législateur voulant assurer au bout d'un certain temps l'existence des sociétés viciées à leur début.

Les motifs que nous avons donnés plus haut à l'appui de l'innovation de la loi de 1893, nous indiquent suffisamment que le législateur devait donner à sa décision un effet rétroactif; c'est ce qu'il a fait, mais en adoucissant les conséquences de la rétroactivité, pour ne pas violer les règles de l'équité, ni les droits acquis et ne pas se trouver aux prises avec des difficultés inextricables.

Parmi les dispositions à étudier maintenant nous trouvons un passage de l'article 3 de la loi de 1893 qui aurait été mieux placé dans les dispositions transitoires :

« Cette prescription ne pourra toutefois être opposée
« avant l'expiration des dix années qui suivront la
« promulgation de la présente loi. »

Et l'article 7 de la loi de 1893 (dispositions transitoires) « article 7. ..... Les dispositions de l'article 8 et
« celles de l'article 42 s'appliquent aux sociétés déjà
« constituées sous l'empire de la loi du 24 juillet 1867.
« — Dans les mêmes sociétés, l'action en nullité résul-
« tant des articles 7 et 41 ne sera plus recevable si les
« causes de nullité ont cessé d'exister au moment de la
« présente loi. »

Voici comment nous expliquons cette disposition de l'article 7. Pour savoir si l'action en nullité est ou non recevable, il faut comparer la date de la demande et la date de la disparition du vice. Si la demande est antérieure, alors la disparition du vice n'empêche pas l'action en nullité, il en est différemment dans le cas contraire. S'agit-il des sociétés antérieures à la loi de 1893, le législateur n'ose pas appliquer cette règle. Il pourrait, en effet, se trouver en présence d'une action en nullité déjà intentée, peut-être même jugée avant la loi nouvelle, bien qu'après la disparition du vice. Il déclare alors qu'au point de vue de la loi de 1893, la disparition du vice sera censée avoir eu lieu au plus tôt le jour de la promulgation de la loi.

Nous expliquons de la même façon la règle posée par l'article 3 sur la prescription de l'action en nullité. Les dix ans ne peuvent commencer à courir que du jour

de la promulgation de la loi. La prescription, en effet,
lorsqu'elle est accomplie rétroagit. Lorsque l'action
en nullité de la société sera prescrite, la situation sera
la même que si le vice avait disparu au jour où la
prescription a commencé. Or, nous avons dit tout à
l'heure que pour les sociétés antérieures à la loi de
1893, le législateur place la disparition du vice au plus
tôt le jour de la promulgation de la loi. Donc la prescription ne peut courir que du jour de la promulgation.

Les dispositions que nous venons d'étudier visent
seulement deux des cas où la nullité se trouve couverte.
Quid du troisième cas, c'est-à-dire de l'hypothèse
où pour couvrir la nullité il a fallu la convocation d'une
assemblée générale?

Prenons une espèce. Une société antérieure à la loi
de 1893 a été, en fait, constituée sans approbation
régulière des apports en nature. Une assemblée générale a été convoquée pour régulariser la situation. Une
demande en nullité a été lancée. Puis intervient la
promulgation de la loi de 1893. La demande en nullité
est-elle recevable oui ou non?

Pour la négative, on pourrait dire : les dispositions
de la loi nouvelle sont rétroactives. Cette rétroactivité
est mitigée lorsqu'il s'agit de la disparition du vice et
de la prescription. S'agit-il d'opposer à la recevabilité
de l'action en nullité la convocation d'une assemblée
générale, le législateur ne dit rien pour adoucir les
conséquences de la rétroactivité qui, alors, se produit
absolument.

Ce système nous paraît inacceptable. Nous avons dit
naguère que la disposition de la loi sur la convocation
de l'assemblée générale était une extension *utilitatis
causa* de la règle posée pour la disparition du vice. Il
faut donc étendre, *à fortiori*, ce que dit le législateur
de la disparition du vice.

Du reste, une simple hypothèse démontrera le bien fondé de notre opinion. Soit une société constituée antérieurement à la loi de 1893 sans approbation régulière des apports. Une assemblée générale d'actionnaires est non seulement convoquée mais s'est tenue. Demande en nullité, promulgation de notre loi. La disposition transitoire s'appliquerait à la lettre et, il en serait différemment si l'assemblée générale d'actionnaires, au lieu d'avoir été tenue, avait été simplement convoquée. Ce serait absolument illogique.

Une remarque très importante et en même temps une critique à l'adresse de la loi de 1893 : On sait que les sociétés de commerce sont soumises à des conditions de publicité. La sanction de ces formalités de publicité consiste dans une nullité qui, avant la loi de 1893, se caractérisait par les mêmes traits que la nullité pour inobservation des règles sur la constitution des sociétés par actions.

Quid, depuis la loi de 1893?

On sait que la loi de 1893 s'inspire avec des différences notables du projet voté par le Sénat en 1884. Le projet voté par le Sénat (art. 43 et 66), traitait de même la nullité pour défaut de formalités constitutives et la nullité pour défaut de publicité. L'article 43 contenait les innovations votées par le Sénat en matière de nullités, et l'article 66, après avoir indiqué que les formalités de publicité étaient sanctionnées par la nullité, ajoutait : « Les dispositions de l'article 43 de « la présente loi, s'appliquent à ces nullités. »

On comprend très bien la pensée du Sénat. En quoi le vice tenant au défaut d'accomplissement des formalités de publicité serait-il plus grave et plus irrémédiable que le vice tenant à l'inaccomplissement des conditions de fond? Il semble que ce serait plutôt l'inverse.

Et cependant cette situation illogique est la situation

légale depuis la loi nouvelle. Cette loi ne s'est pas occupée des formalités de publicité et de leur sanction. Les
anciens principes subsistent donc, alors qu'ils sont
adoucis lorsqu'il s'agit des formalités constitutives. La
nullité pour défaut de publicité ne peut donc se couvrir
ni par la publication tardive (au regard du moins de
ceux qui avaient antérieurement le droit d'agir en nullité), ni par la prescription. (Discussion cependant sur
ce dernier point.)

Il y a évidemment là un défaut d'harmonie à signaler
au législateur.

Une remarque assez curieuse : si on lit le rapport de
M. Clausel de Coussergues à la Chambre on voit que,
dans sa pensée, les deux nullités pour défaut de publicité ou d'accomplissement des règles sur les formalités
constitutives devaient continuer à être régies par les
mêmes règles.

« Une des raisons de la résistance à soumettre les
« sociétés dites civiles aux lois du commerce, est la
« rigueur que, dans certains cas, présentent ces lois
« ou du moins l'application qui en est faite.....

« Le Sénat a estimé qu'il y avait à tempérer ces
« rigueurs sur deux points :

« 1° Durée de l'action en nullité encourue pour
« inobservation des prescriptions spéciales de la loi
« sur les sociétés par actions.....

« 2° .....

« En ce qui concerne la durée de l'action en nullité,
« la jurisprudence considère, aujourd'hui, que la nul
« lité n'est jamais réparable, qu'une société qui, à son
« origine, a été entachée d'un vice, reste atteinte des
« effets du vice, même lorsque le vice vient à dispa
« raître, et qu'elle reste sujette à déclaration de nul
« lité, quelles que soient son ancienneté, sa prospérité

« présente, l'intégralité désormais acquise des garanties
« légales ; même après que la société a pris fin, la nul-
« lité peut encore être invoquée, aussi longtemps qu'il
« subsiste un intérêt quelconque à s'en prévaloir. De
« là des conséquences désastreuses ou iniques.

« En matière de nullité pour inobservation des
« conditions de publicité dans les délais voulus, la
« jurisprudence admet que, par l'accomplissement ulté-
« rieur des formalités, la nullité est désormais couverte.

« Il doit en être de même de la nullité pour inobser-
« vation des conditions imposées à la formation des
« sociétés par actions.

« C'est ce que le Sénat a décidé dans l'article 13 de
« son projet. — Nous vous proposons d'adopter la
« même disposition. »

Remarquons en passant que le rapport de M. de
Coussergues ne visait que l'extinction de l'action en
nullité par la disparition du vice. Il n'était question,
pour couvrir la nullité, ni du cas spécial de convocation de l'assemblée générale des actionnaires (règle
particulière introduite par la commission du Sénat),
ni de la prescription (admise par le Sénat sur amendement au cours de sa deuxième délibération).

Une conséquence assez particulière du défaut d'harmonie dans la loi que nous venons de signaler. Dans
certains cas, la réforme de la loi de 1893, relative à
l'action en nullité pour défaut d'accomplissement des
formalités de fond, va se trouver lettre-morte. Les
conditions de fond doivent souvent transparaître dans
les formalités de publicité. On n'a qu'à consulter l'article 55 de la loi de 1867. « A l'acte constitutif des
« sociétés en commandite par actions et des sociétés
« anonymes sont annexées : 1° une expédition de l'acte
« notarié constatant la souscription du capital social

« et le versement du quart ; 2° une copie certifiée des
« délibérations prises par l'assemblée générale dans
« les cas prévus par les articles 4 et 24. » Cette publicité est exigée à peine de nullité (art. 56). Quand bien
même la société d'abord vicieuse serait ensuite régularisée (par ex. la souscription du capital social serait par-
faite et dûment constatée, etc.), il pourrait y avoir lieu à
une publication tardive, mais qui n'enlève pas d'une
façon absolue, et à l'égard de tout le monde, la nullité
résultant du défaut de publicité. Bien mieux, après
dix ans du jour de la constitution vicieuse de la société,
on ne pourra plus l'attaquer en prétendant, par exemple,
qu'il n'y a pas eu souscription du capital social, mais
on pourra la faire annuler pour défaut de publication ;
en effet, la déclaration constatant cette souscription
n'aura pas été déposée conformément à la loi. Le but
de la loi de 1893 se trouvera donc manqué.

Parmi les causes qui mettent fin à l'action en nullité nous avons indiqué avec la loi nouvelle la disparition du vice, la régularisation de l'état de choses
antérieur. Cette régularisation devra se produire d'a-
près la législation en vigueur au moment de la constitution de la société, d'après la loi de 1867 pour les
sociétés créées sous l'empire de cette loi, d'après la loi
de 1893 pour les sociétés postérieures à cette date.
En effet, la constitution d'une société s'apprécie toujours d'après les règles en vigueur au moment de la
formation.

Il est des cas qui paraissent assez simples.

Soit une société nulle pour défaut de souscription
du capital social ou pour défaut du versement qui
légalement doit être effectué par les actionnaires. Si
par la suite le capital est entièrement souscrit ou le
versement voulu effectué, la nullité est couverte.

Il y aurait cependant une petite difficulté accessoire

pour les sociétés anonymes. La souscription du capital et les versements sont constatés par une déclaration des fondateurs dans un acte notarié. Qui devra faire cette déclaration pour couvrir la nullité? Si les fondateurs peuvent faire cette déclaration, rien de mieux, mais il se peut que les fondateurs soient morts; dans ce cas nous croyons que la déclaration sera faite par les administrateurs des sociétés anonymes. Pourquoi l'article 24 de la loi de 1867 impose-t-il aux fondateurs cette déclaration qui dans la société en commandite par actions émane du gérant? C'est que dans la société en commandite, en principe, le gérant préexiste à la société; c'est lui qui l'a le plus souvent créée et qui lui sert de base et de fondement. Tandis que dans la société anonyme, en principe, les premiers administrateurs sont nommés par l'assemblée générale des actionnaires; ils ne préexistent pas à la société; du moment où il s'agit de régulariser une société anonyme préexistante, il y a nécessairement des administrateurs et on peut leur laisser faire à défaut de fondateurs la déclaration voulue. On pourrait même se demander si dans tous les cas, même dans l'hypothèse d'existence de fondateurs, il ne faudrait pas faire faire la déclaration par les administrateurs. L'esprit de la loi serait peut-être en ce sens, mais nous croyons plus sûr de maintenir autant que possible la règle de l'article 24.

Toujours à propos de cette même hypothèse il y aurait encore une autre complication. D'après l'article 24 la sincérité de la déclaration des fondateurs est soumise à la première assemblée générale des actionnaires. Or, par la force même des choses, si cette déclaration peut être soumise à une assemblée générale d'actionnaires, ce ne sera pas à la première. Mais nous croyons qu'il ne faut pas exagérer. Si la déclaration des fondateurs doit être soumise à l'assemblée

générale et si c'est à la première, c'est que le législateur se place dans l'hypothèse normale d'une société
constituée régulièrement *ab initio*. Mais dans le cas
contraire la déclaration sera soumise à une assemblée
générale, qui par la force des choses ne sera pas la
première. — Une opinion plus stricte aboutirait à dire
que la société nulle de ce chef ne pourrait jamais être
régularisée et ce contrairement à l'intention bien évidente du législateur. — Si la déclaration est faite par
les administrateurs il y aurait même lieu de se demander s'il est besoin d'une approbation de l'assemblée
générale. L'esprit de la loi paraît en sens contraire. Si
l'approbation de l'assemblée générale est demandée
c'est parce que la déclaration émane de fondateurs,
c'est-à-dire de personnages n'ayant pas de caractère
officiel. Cependant nous croyons plus sûr de soumettre
même la déclaration des administrateurs à l'assemblée
générale des actionnaires.

Une difficulté du même genre se présenterait si on
supposait une société nulle pour défaut d'approbation
régulière des apports en nature ou des avantages particuliers. Mais dans ce cas spécial il y a encore une
autre difficulté que nous rencontrerons plus tard.

Id juris si on suppose une société en commandite par
actions qui n'a pas nommé ou qui n'a pas nommé régulièrement son conseil de surveillance; une société
anonyme qui n'a pas désigné régulièrement ses administrateurs et ses commissaires de surveillance. Il y
aurait ici même une raison de plus pour décider, comme
nous venons de le faire; le conseil de surveillance, les
administrateurs et les commissaires de surveillance
sont soumis en effet à réélection (suivant certaines
distinctions).

Soit une société nulle pour avoir contrevenu aux dispositions légales sur le chiffre ou la forme des actions.

C'est une société d'un capital n'excédant pas 200,000 francs, qui sous la loi de 1867, avait émis des actions de moins de 100 francs, ou qui sous la loi de 1893 émet des actions de moins de 25 francs. C'est une société d'un capital supérieur à 200,000 francs, qui sous la loi de 1867 a émis des actions de moins de 500 francs, ou sous la loi de 1893 des actions de moins de 100 francs. *Quid?*

Il y aura d'abord certains cas où la situation se trouvera régularisée *ipso facto*. Nous avons admis qu'à certaines conditions la société régulièrement constituée avant la loi de 1893 pourrait modifier le chiffre de ses actions, les diviser en coupures plus petites conformément à la loi de 1893. De même, si ces conditions se trouvent réunies, la société constituée irrégulièrement avant la loi de 1893, quant au chiffre de ses actions, verra sa situation régularisée *ipso facto*. Soit une société d'un capital n'excédant pas 200,000 francs qui, sous l'empire de la loi de 1867, avait émis des actions de moins de 100 francs. Pourvu que ces actions ne soient pas inférieures à 25 francs, tout pourra se trouver régularisé. Même raisonnement pour la société d'un capital supérieur à 200,000 francs, qui sous l'empire de la loi de 1867 aurait émis des actions inférieures à 500 francs. Seulement ici il faudrait que ces actions ne fussent pas inférieures à 100 francs. La loi de 1893, par cela même qu'elle abaisse le minimum des actions, régularise la situation vicieuse tenant au chiffre des titres, pourvu bien entendu que les conditions, qui pour nous sont sous l'empire de la loi de 1893 indissolublement liées à l'abaissement du minimum, se trouvent réunies en l'espèce.

Mais *quid* dans le cas où on ne peut songer à cette régularisation *ipso facto*, notamment s'il s'agit de sociétés postérieures à 1893 et qui auraient méconnu les règles de la loi sur le minimum des actions?

Évidemment il faudra pour régulariser la société ou bien élever le chiffre des actions ce qui aboutira à une augmentation du capital social, ou bien fusionner plusieurs titres en un seul d'une plus grande valeur. L'assemblée générale des actionnaires le pourra-t-elle? Renvoi aux assemblées générales d'actionnaires.

La nullité de la société peut tenir à la méconnaissance des règles légales sur la forme des actions. Par exemple, les statuts d'une société antérieure à la loi de 1893 portaient que les actions pourront être mises au porteur avant libération de moitié; ou bien une société postérieure à la loi de 1893 a stipulé qu'elle pourrait mettre ses actions au porteur avant libération intégrale. *Quid?*

Il faudra évidemment retrancher cette clause des statuts. Nous avons rencontré une question analogue *suprà* (renvoi).

Quid, si en exécution des statuts il y a eu conversion illégale des titres en titres au porteur? Encore une question analogue *suprà* (renvoi).

Il n'y aura rien à dire si les versements obligatoires pour la régularité de la conversion ont eu lieu par la suite. S'ils n'ont pas eu lieu on pourra par une libération de titres rétablir la situation.

La société ne pourrait-elle pas par une sorte de conversion inverse se replacer dans la règle. Par exemple, une société postérieure à 1893 a converti ses titres en titres au porteur avant libération intégrale. Ne pourrait-elle pas retransformer ses titres au porteur en titres nominatifs au lieu de libérer immédiatement les titres? (Voir *suprà* une question analogue.)

Lorsqu'une société est nulle pour défaut de vérification des apports en nature prescrite par la loi de 1867 (art. 4 et 24) on se trouve en présence d'une difficulté toute spéciale. Les apports ont varié de valeur depuis la

création de la société. C'est un fonds de commerce dont
les marchandises se sont renouvelées. C'est un immeuble
apporté auquel on a fait d'importantes améliorations.
Il n'y a plus *res integra*. L'approbation des apports qui
doit régulariser la société va-t-elle devenir impossible
par suite de ce changement de valeur?

Nous croyons qu'il n'y a là qu'une simple difficulté
de fait. Encore très souvent cette difficulté n'existera
pas. Il sera possible d'établir l'état primitif des choses,
les livres de la société fournissent de précieux renseignements. Il est du reste à noter qu'en fait les actionnaires hésiteront rarement à approuver ainsi rétroactivement les apports. En effet, puisqu'on veut régulariser la
société, il est probable que la société est prospère et que
les apports n'ont pas été majorés.

Il peut arriver que les apports aient cessé d'exister.
D'où la question : peut-on encore approuver les apports
après qu'ils ont cessé d'exister?

Il est d'abord une décision qui s'impose. La société
se dissout par l'extinction de la chose (art. 1865-2°, C.
civ.). Sous ce terme on comprend la perte de l'objet
même de la société (fait exceptionnel) et dans certains
cas la perte de l'apport particulier de l'un des associés.
Évidemment, il ne pourra être question dans ce cas
de régulariser la société.

Quid, si la perte de l'apport se produit dans de telles
conditions qu'elles ne doivent pas entraîner la dissolution de la société? Ne paraît-il pas bizarre de permettre une vérification d'apports qui n'existent plus?
Nous croyons que, dans cette hypothèse, il n'y aura
cependant encore qu'une difficulté de fait. L'approbation une fois donnée aura effet rétroactif au jour de
la constitution de la société. La perte de l'apport em-
pêcherait-elle que la prescription de dix ans édictée
par l'article 3 de la loi de 1893, ne produise ses effets?

Il nous semble certain que non. Il y a alors ici même raison de décider.

Dans les cas où la régularisation de la société ne pourra avoir lieu par la disparition du vice, la prescription de dix ans validera la société.

Les règles sur la constitution des sociétés par actions ont encore comme sanction certaines responsabilités. Mais nous abordons un autre sujet; après la constitution vient le fonctionnement des sociétés par actions.

§ 2.

FONCTIONNEMENT DES SOCIÉTÉS PAR ACTIONS.

Les éléments de ce fonctionnement sont sensiblement les mêmes dans les sociétés en commandite par actions et dans les sociétés anonymes. — Dans les sociétés en commandite : le ou les gérants, — le conseil de surveillance, — les assemblées générales d'actionnaires. Dans les sociétés anonymes : le ou les administrateurs, — le ou les commissaires de surveillance — les assemblées générales d'actionnaires.

Nous allons passer successivement en revue ces différents éléments en tant qu'ils sont visés par la loi de 1893; nous aurons aussi pour compléter ce fonctionnement des sociétés à nous occuper, toujours sous la même restriction, des droits individuels des actionnaires.

1° Gérants des commandites; conseil de surveillance, administrateurs des sociétés anonymes.

Nous laissons de côté le ou les commissaires de surveillance des sociétés anonymes. En effet, la loi de 1893 ne s'occupe pas d'eux.

Le rôle des gérants et des administrateurs (suivant les diverses sociétés) ressort nettement du nom qui les désigne. Ils ont nécessairement des pouvoirs pour réaliser le but social, des obligations et une responsabilité résultant de ces obligations. Toute obligation emporte comme corollaire une responsabilité.

Nous n'avons à nous occuper ici que d'une obligation spéciale, car la loi nouvelle n'a trait qu'à la responsabilité résultant de la méconnaissance de cette obligation.

L'article 44 de la loi de 1867 (relatif aux sociétés anonymes, mais qu'on étend aux commandites par identité de motifs) pose la théorie générale de la responsabilité des gérants et des administrateurs.

Art. 44. « Les administrateurs sont responsables, « conformément aux règles du droit commun, indivi-« duellement ou solidairement, suivant les cas, envers « la société ou envers les tiers, soit des infractions aux « dispositions de la présente loi, soit des fautes qu'ils « auraient commises dans leur gestion, notamment en « distribuant ou en laissant distribuer sans opposition « des dividendes fictifs. »

Quant à l'obligation spéciale à laquelle nous faisions allusion tout à l'heure, et à la responsabilité en résultant, nous avons, pour la société en commandite, l'article 8, et pour la société anonyme, l'article 42 de la loi de 1867.

Art. 8. « Lorsque la société est annulée, aux termes « de l'article précédent, les membres du premier con-« seil de surveillance peuvent être déclarés respon-« sables avec le gérant du dommage résultant, pour la « société ou pour les tiers, de l'annulation de la société. « — La même responsabilité peut être prononcée contre

« ceux des associés dont les apports ou les avantages
« n'auront pas été vérifiés et approuvés conformément
« à l'article 4 ci-dessus. »

Art. 42. « Lorsque la nullité de la société ou des
« actes et délibérations a été prononcée, au terme de
« l'article précédent, les fondateurs auxquels la nullité
« est imputable, et les administrateurs en fonctions au
« moment où elle a été encourue, sont responsables
« solidairement envers les tiers sans préjudice du droit
« des actionnaires. — La même responsabilité solidaire
« peut être prononcée contre ceux des associés dont les
« apports ou les avantages n'auraient pas été vérifiés et
« approuvés conformément à l'article 24 » (texte antérieur à la loi de 1893).

Il résulte de ces textes que les gérants et les administrateurs (suivant l'espèce de société) sont obligés de
veiller à l'accomplissement des conditions constitutives
de la société rappelées par les articles 41 et 7 de la loi
de 1867 (renvoi *suprà*), et qu'ils sont responsables en
cas de nullité de la société.

Il y a seulement une petite différence entre les gérants
et les administrateurs. Les gérants, dans les commandites par actions, étant en principe à vie et irrévoca-
bles, la responsabilité pèse sur les gérants, sans aucune
distinction. Au contraire, les administrateurs des sociétés anonymes étant nommés pour un temps et révocables, la responsabilité (et cela est juste) ne pèse que
sur les administrateurs « en fonctions au moment où
« la nullité a été encourue. » Il y a une difficulté sur
le point de savoir ce qu'on doit entendre par ces expressions. L'opinion dominante est qu'il ne faut pas les
interpréter trop à la lettre. A la lettre, il n'y aurait que
les administrateurs qui seraient en même temps fondateurs, ou qui auraient été nommés par les statuts, qui

devraient être responsables de la nullité de la société, parce qu'ils sont seuls contemporains et en quelque sorte participants de la faute commise. Les administrateurs désignés par l'assemblée générale seraient à l'abri, car ils n'entrent en fonctions qu'au moment où tout est consommé. Mais on n'entend pas ainsi la loi; on part de l'idée que le législateur a voulu seulement exonérer de toute responsabilité les administrateurs nommés durant le cours de la société, administrateurs qui ont pu ignorer la nullité, mais que les premiers administrateurs nommés par l'assemblée générale des actionnaires doivent être tenus, parce qu'ils ont commis une faute en ne régularisant pas la situation ou ne la signalant pas. Ils ont donc pris la responsabilité de cette situation.

La loi de 1893 a touché profondément ces deux articles 8 et 42. La modification qu'elle fait subir à l'article 8 est aussi applicable à l'article 42, comme nous le verrons; mais l'article 42 reçoit sa modification spéciale.

Voyons d'abord la modification de l'article 8.

Art. 3 de la loi de 1893. « A l'article 8 sont ajoutées « les dispositions suivantes : l'action en nullité (il s'agit « de dispositions déjà étudiées; voir *supra*)..... L'action « en responsabilité pour les faits dont la nullité résul- « tait cesse également d'être recevable, lorsqu'avant « l'introduction de la demande, la cause de nullité a « cessé d'exister, et, en outre, que trois ans se sont écou- « lés depuis le jour où la nullité était encourue. »

L'article 5 étend la même disposition aux sociétés anonymes.

Art. 5. .... au même article (art. 42) est ajouté « le « paragraphe suivant : l'action en nullité et celle en « responsabilité en résultant sont soumises aux disposi- « tions de l'article 8 ci dessus. »

Pour comprendre ces textes et leur raison d'être, voici ce qu'il faut savoir.

Avant la loi de 1893, quelle était la durée de l'action en responsabilité qui pouvait être dirigée contre les gérants ou les administrateurs? Il était évident que si la nullité de la société avait pu être couverte, il n'y aurait plus eu lieu à l'action en responsabilité, c'est ce qui résulte du commencement des articles 8 et 42, mais nous nous souvenons qu'avant 1893, la nullité de la société ne pouvait se couvrir. Après la nullité prononcée, l'action en responsabilité pouvait évidemment se couvrir par la prescription. Il y avait seulement des controverses sur la durée de la prescription. Certains auteurs voulaient appliquer la prescription de trois ans admise pour l'action publique relative aux délits correctionnels (art. 638, Instr. crim.), d'autres la prescription de cinq ans de l'article 64 du Code de commerce. D'autres enfin, et avec raison la prescription de trente ans de l'article 2262 du Code civil.

Le projet sénatorial de 1884 s'était occupé, comme on l'a vu plus haut, de diminuer les nullités dans les sociétés par actions, et pour les motifs indiqués *suprà; il s'était aussi préoccupé de l'action en responsabilité en la faisant marcher de pair avec l'action en nullité, conformément aux principes des articles 8 et 42 (début des textes). Limiter l'action en responsabilité, c'était réformer un inconvénient de la loi de 1867 : le résultat, en effet, des rigueurs de cette loi était d'écarter de l'administration des sociétés et ce, au détriment des intérêts de ces sociétés, les personnes les plus honorables et les plus soucieuses de leur responsabilité.

L'article 43 du projet du Sénat portait : « L'action en « nullité de la société et l'action en responsabilité qui « résulte de cette nullité, ne sont plus recevables trois « ans après le jour où la nullité a été encourue, lors-

« qu'avant l'introduction de la demande, la cause de
« nullité a cessé d'exister.

« Lorsque les causes de nullité des actes ou délibéra-
« tions sont postérieures à la constitution de la société,
« les actions ne sont plus recevables trois ans après le
« jour où la nullité a été encourue. »

Le Sénat, en 1884, distinguait donc entre les nullités
concomitantes à la constitution de la société et les nullités postérieures, comme le disait le rapporteur : « Il
« décide, dans le premier cas, que l'action en nullité
« et l'action en responsabilité qui résulte de cette nullité
« ne seront plus recevables trois ans après le jour où la
« nullité a été encourue, lorsque avant l'introduction
« de la demande la cause de nullité aura cessé d'exister.

« Un membre de la commission aurait désiré que,
« même pendant ces trois premières années, l'action
« pût être déclarée non recevable, quand le vice aurait
« été purgé avant l'introduction de la demande. Il a été
« répondu qu'en poussant aussi loin l'indulgence, on
« arriverait à rendre illusoires les précautions prises par
« le législateur pour assurer la constitution régulière
« des sociétés, et que cette constitution deviendrait une
« formalité sans importance. Il ne doit pas en être ainsi.
« Quand les fondateurs de sociétés sauront que bien que
« les nullités originelles puissent être réparées, cette
« réparation est cependant inefficace pendant trois ans,
« ils seront d'autant plus attentifs qu'ils se sauront plus
« exposés. La même règle sera applicable quand il s'a-
« gira de nullités d'actes ou de délibérations postérieures
« à la constitution de la société, mais comme dans ce
« cas ces nullités sont moins graves, l'action cessera
« d'être recevable trois ans après le jour où la nullité a
« été encourue, lors même que la cause de nullité exis-
« terait encore au moment de l'introduction de la de-
« mande. »

Dans le texte voté par les pouvoirs publics en 1893, on rompt avec le système adopté par le Sénat en 1884. On décide que l'action en nullité cessera immédiatement par la disparition du vice (ce que ne faisait pas le Sénat en 1884), mais quant à l'action en responsabilité, elle ne peut disparaître que trois ans au plus tôt après que la nullité a été encourue, c'est-à-dire après que la société a été, en fait, constituée sans l'observation des formalités légales. M. Clausel de Coussergues, dans son rapport à la Chambre des députés, va nous expliquer la raison d'être de cette modification. « Le « Sénat a déclaré que par l'effet de la disparition de la « cause de nullité deviennent non recevables tant l'ac- « tion en nullité de la société que l'action en responsa- « bilité en résultant, mais l'une et l'autre seulement « après que trois ans se sont écoulés depuis le jour où « la nullité avait été encourue. Rien de plus juste que « cette permanence de l'action en responsabilité pen- « dant un délai fixe. Il ne faut pas que les fondateurs « qui ont commis la faute de constituer une société « nulle puissent, du jour au lendemain, par un acte « habile de résipiscence, s'affranchir des conséquences « de leur faute. Il en est autrement de l'action en nul- « lité elle-même : il n'y a pas plus de raison de la lais- « ser subsister après que le vice de constitution est « réparé qu'il n'y en a dans le cas de publicité tardive- « ment faite. Tout est en ordre pour l'avenir ; quant au « passé, il reste du moins pendant trois ans après l'in- « fraction commise l'action en dommages et intérêts et « cela suffit. Au contraire, il y a une raison pour fer- « mer immédiatement la porte aux actions en nullité. « Souvent, la réparation de la nullité sera une révéla- « tion de la cause de nullité ; il ne faut pas que la « mesure par laquelle la société rentrera dans la régu- « larisation puisse être le signal d'actions en nullité ins-

« pirées par une pensée de spéculation ou tout au moins
« qu'elle ouvre pour la société une période d'anxiétés
« dont la perspective serait de nature à faire ajourner
« sa régularisation. »

Ces dispositions de la loi nouvelle produisent un
résultat assez curieux. Jadis, la responsabilité supposait
(les art. 8 et 42 étaient formels) l'annulation de la société. Il est évident que cette responsabilité que nous
appellerons normale, ne peut plus exister lorsque le
vice est couvert ou que l'action en nullité, pour une
raison quelconque, est impossible (Voir *suprà*); que
cette responsabilité reste *in pendenti* tant que la nullité
n'est pas prononcée mais est possible; que cette responsabilité se produit, quitte à se prescrire par trente ans,
lorsque l'annulation de la société est prononcée. Les
innovations de la loi de 1893 sont absolument en dehors
de ces hypothèses. Il est question là d'une responsabilité que nous appellerons nouvelle ou anormale, qui ne
suppose pas l'annulation de la société, qui suppose
même que cette annulation n'est plus possible, que le
vice est couvert; d'une responsabilité « pour les faits
« dont la nullité résultait, » c'est-à-dire de la responsabilité encourue par les gérants et administrateurs, si
abstraction faite de l'annulation et malgré la disparition du vice, un préjudice a été causé par celui-ci.
Cette responsabilité atténuée, anormale, survit à la
disparition du vice et à l'action en nullité, si on se
trouve encore dans le délai de trois ans à partir de la
constitution de la société.

Sur notre disposition une difficulté qui ne paraît
pas très sérieuse. L'article 3 suppose la disparition du
vice ou de la cause de nullité, mais on sait que l'action
en nullité peut disparaître soit dans un cas spécial par
la simple convocation d'une assemblée générale, soit
par la prescription de dix ans. *Quid?*

Nous appuyant sur l'intention du législateur, nous croyons qu'il faut étendre ce que le législateur dit de la disparition du vice à toutes les autres causes d'extinction de l'action en nullité. C'est-à-dire que si pour couvrir la nullité on a convoqué une assemblée générale, il n'y aura extinction de la responsabilité que si trois ans se sont écoulés depuis la constitution vicieuse de la société. S'agit-il de la prescription de l'action en nullité, aucune hésitation ; dans ce cas, il y aura toujours extinction de l'action en responsabilité parce qu'il y aura toujours *à fortiori* trois ans (puisqu'il y en aura dix) depuis le jour de la constitution de la société.

La rédaction incorrecte de la loi qui parle uniquement de la disparition de la cause de nullité, s'explique par un incident des travaux préparatoires. Le texte de la loi de 1893, sur l'action en responsabilité est le texte de la commission de la Chambre des députés, or, (V. *supra*) d'après le projet de cette commission l'action en nullité cessait uniquement par la disparition du vice.

Il n'est pas besoin d'insister sur ce point, que la cause de nullité doit avoir cessé d'exister et les trois ans doivent être écoulés avant toute demande formée. Il y a ici une manifestation de la volonté du législateur de respecter les droits acquis.

Nous avons à rapprocher de notre disposition de loi des textes transitoires.

L'article 7 de la loi de 1893, après avoir dit « les « dispositions de l'article 8 et celles de l'article 42, « s'appliquent aux sociétés déjà constituées sous l'em- « pire de la loi du 24 juillet 1867. » ajoute :

« En tous cas l'action en responsabilité pour les faits « dont la nullité résultait ne cessera d'être recevable « que trois ans après la présente loi. »

Cet article s'explique très simplement. Il y a là une

disposition du même genre que celle que nous avons trouvée dans l'article 3 à propos de l'action en nullité et qui porte que la prescription de dix ans de cette action en nullité ne commence à courir que du jour de la promulgation de la loi.

Nous avons dit que l'article 42 spécial aux sociétés anonymes a reçu lui aussi une profonde modification de la loi de 1893.

Nous ne voulons pas parler bien entendu de la modification déjà étudiée et qui est commune à l'article 8 et à l'article 42 (V. suprà), mais d'une modification toute spéciale.

Notons pour n'y plus revenir que l'article 7 (dispositions transitoires) donne effet rétroactif à tout l'article 42, par conséquent à la modification que nous allons étudier.

Pour bien comprendre cette modification relisons d'abord l'ancien article 42 (avant la loi de 1893).

Ancien article 42 : « Lorsque la nullité de la société ou « des actes et délibérations a été prononcée aux termes « de l'article précédent, les fondateurs auxquels la nul- « lité est imputable, et les administrateurs en fonctions « au moment où elle a été encourue, sont responsables « solidairement envers les tiers, sans préjudice des « droits des actionnaires. — La même responsabilité « solidaire peut être prononcée contre ceux des associés « dont les apports ou les avantages n'auraient pas été « vérifiés et approuvés conformément à l'article 24. »

Avant 1893, il y avait sur ce texte une grosse controverse. Il est certain qu'à l'égard des actionnaires la responsabilité des administrateurs suppose un préjudice causé et se tient dans les limites de ce préjudice. Mais quid à l'égard des tiers, des créanciers sociaux ? Faut-il admettre la même théorie ou bien les administrateurs ne sont-ils pas tenus personnellement et solidairement de toutes les dettes sociales, sans qu'il y ait à se préoccuper de l'existence ni de l'étendue du préjudice causé?

Voyons les arguments invoqués par les auteurs qui veulent que les administrateurs soient responsables envers les tiers personnellement et solidairement, abstraction faite du préjudice causé.

On dit d'abord : l'article 42 déclare les administrateurs responsables sans dire de quoi, mais il ajoute « qu'ils « sont responsables envers les tiers, sans préjudice des « droits des actionnaires ; » cela paraît bien indiquer que la responsabilité envers les tiers est différente de la responsabilité envers les actionnaires ; or, cette dernière responsabilité suppose un préjudice causé et se tient dans les limites de ce préjudice ; donc la responsabilité envers les tiers est indépendante de toute idée de préjudice.

Du reste les mots « administrateurs responsables » ne doivent-ils pas être pris dans le même sens où on entend l'expression « associés responsables, » c'est-à-dire tenus personnellement et *in infinitum* ?

On ajoute : la règle en matière de sociétés commerciales est que ceux qui gèrent sont responsables solidairement de toutes les dettes : pour se soustraire à l'application de ce droit commun, il faut remplir les formalités de la loi ; or par hypothèse ces formalités n'ont pas été remplies.

L'article 42, d'ailleurs, a son origine dans l'article 25 de la loi de 1863 sur les sociétés à responsabilité limitée. A cette époque, les membres du conseil de surveillance des sociétés en commandite par actions étaient responsables de toutes les dettes sociales en cas d'annulation de la société (art. 7 de la loi de 1856). Evidemment la loi de 1863 n'avait pu admettre une responsabilité moindre pour les administrateurs et fondateurs des sociétés à responsabilité limitée. La loi de 1867 ayant reproduit la règle de la loi de 1863 l'a évidemment reproduite avec son même sens, bien que dans les sociétés en commandite la responsabilité des conseils de surveillance ait été modifiée et atténuée.

On termine en disant : à quoi servirait l'article 42 en présence de cette interprétation ; il n'ajouterait rien à l'article 44 de la loi de 1867 ?

Ces arguments ne nous paraissent pas décisifs.

Voici ce que nous répondons.

Lorsque la loi déclare une personne responsable à l'occasion d'un fait, c'est du préjudice causé par ce fait que cette personne est responsable et non d'une sorte de responsabilité latérale et anormale. Pour qu'il en fût différemment, il faudrait une décision spéciale du législateur; dans le doute toute responsabilité doit être entendue d'une façon restrictive. — De ce que le législateur déclare les administrateurs responsables envers les tiers sans préjudice des droits des actionnaires cela signifie bien qu'il y a une responsabilité double, mais cela ne veut pas dire une responsabilité différente. Il faut prendre, prétend-on, l'expression « administra- « teurs responsables » dans le même sens que « associés « responsables, » c'est-à-dire tenus des dettes *in infinitum*. N'y a-t-il pas là une interprétation divinatoire ?

On déclare que d'après les principes des sociétés commerciales ceux qui gèrent sont responsables solidairement des dettes sociales. Ce raisonnement serait excellent si le législateur avait un type de droit commun des sociétés dont tous les autres types ne seraient que des déductions. On pourrait dire alors : faute d'avoir adopté régulièrement un type exceptionnel, on est soumis aux règles de la société de droit commun. Mais c'est encore là une simple affirmation. Rien ne prouve que le législateur ait considéré la société anonyme comme plus exceptionnelle que les autres types de sociétés. Les différents types de sociétés nous paraissent constituer autant de types indépendants.

Il est indiscutable que l'article 42 reproduit l'article 25 de la loi de 1863 et l'interprétation donnée plus haut de cet article 25 est certaine. Mais, est-il sûr que la loi de 1867 ait maintenu ce texte avec son sens primitif: qu'on remarque que si la loi de 1863, article 25, soumettait les administrateurs des sociétés anonymes à la responsabilité des dettes sociales, c'est que l'article 7 de la loi de 1856 soumettait à cette même responsabilité, les membres du conseil de surveillance des sociétés en commandite. Or la loi de 1867 a changé ce dernier point : n'a-t-elle pas entendu changer le premier : le texte se prête aux deux interprétations; il n'avait donc pas à être modifié.

L'argument d'après lequel l'article 42 alors n'aurait aucune utilité en présence de l'article 44 ne nous frappe aucunement : en effet, il y a dans la loi de 1867 d'autres textes qui ne font que se reproduire : les lois ne sont pas faites avec une rigueur absolue et n'évitent pas toujours les redites; il nous suffit dans cet ordre d'idées de citer les articles 8 et 9 de la loi de 1867.

L'article 8 que nous venons de citer nous permet de prendre l'offensive. Nous verrons avec l'article 8 que les actionnaires dont les apports ou les avantages n'ont pas été vérifiés et approuvés conformément à la loi peuvent être soumis à une certaine responsabilité. Cette responsabilité édictée par l'alinéa 2 de l'article 8 est aux termes de ce texte la même que la responsabilité qui pèse (al. 1er de l'art. 8, sur les membres du conseil de surveillance des sociétés en commandite en cas d'annulation de la société et très certainement se limite au préjudice causé. Or dans l'article 42, alinéa 2, il est encore question de ces associés dont les apports ou les avantages n'ont pas été vérifiés et approuvés conformément à la loi ; l'article 12, al. 2, établit un renvoi par ses termes mêmes à son al. 1er, c'est-à-dire que la responsabilité des apporteurs est la même que celle des administrateurs des sociétés anonymes au cas de nullité de la société. Il en résulterait donc si cette dernière responsabilité ne se limitait pas au préjudice causé que les apporteurs seraient plus ou moins tenus dans les sociétés anonymes et dans les sociétés en commandite alors qu'au point de vue logique leur faute étant identique leur responsabilité devrait être la même. Bien mieux que font nos adversaires de leur raisonnement d'après lequel la société anonyme devrait être considérée comme une exception et les autres types de sociétés comme le droit commun ? — Enfin que l'on compare les derniers alinéas des articles 8 et 12 au sujet de la responsabilité des apporteurs ; ces deux textes sont copiés l'un sur l'autre et l'on voudrait qu'ils disent deux choses absolument différentes !

Au contraire, avec notre théorie sur l'étendue de la responsabilité des administrateurs se limitant même à l'égard des tiers au préjudice causé, on a une théorie parfaitement harmonieuse et en conformité des principes généraux.

Malgré la force de ces arguments la jurisprudence avant la loi de 1893 avait adopté l'opinion que nous venons de combattre (not. Cass., 9 nov. 1892, D. P. 1893, p. 1, p. 73).

Cette jurisprudence se trouve condamnée sans appel par la loi nouvelle.

Article 5 de la loi de 1893. « Dans le paragraphe 1er « de l'article 42 (de la loi de 1867) aux mots « respon- « sables solidairement envers les tiers sans préjudice du « droit des actionnaires » sont substitués les termes sui-

« vants : « responsables solidairement envers les tiers et
« les actionnaires du dommage résultant de cette annu-
« lation. »

La décision de la loi n'a pas besoin d'explication.

Sa raison d'être nous est indiquée par M. Clausel de
Coussergues dans son rapport à la Chambre des députés :

« En ce qui concerne l'étendue de la responsabilité
« en cas de nullité, — d'après la loi de 1867, article 8 ;
« — dans les sociétés en commandite par actions, la
« responsabilité est expressément limitée au *dommage*
« *résultant de l'annulation de la société.*

« Mais en ce qui concerne les sociétés anonymes, la
« même loi, article 42, dit purement et simplement que
« les fondateurs (ou administrateurs) *seront responsables*
« *solidairement envers les tiers.*

« La jurisprudence en conclut qu'ils ne sont pas seu-
« lement responsables *du préjudice causé*, mais qu'ils
« sont responsables, envers les tiers, *de tout le passif*
« contracté au nom de la société.

« Cette rigueur est injustifiable.

« Autant il est juste et nécessaire que chacun reste
« responsable des conséquences de ses fautes — autant
« il est inadmissible, qu'à l'occasion d'une faute com-
« mise, il soit condamné à plus et autre chose qu'à ce
« qui en est la stricte et entière réparation.

« Nous vous proposons de décider, — ainsi que le
« Sénat l'a fait dans l'article 44 de son projet, — que
« les fondateurs (et les administrateurs) ne seront res-
« ponsables que du préjudice résultant de l'annulation
« de la société. »

Tout à l'heure dans la discussion que nous avons
esquissée nous avons parlé du conseil de surveillance
des sociétés en commandite par actions. Cela nous
amène à nous occuper de ce conseil.

Son rôle est suffisamment indiqué par son nom. Entre autres obligations légales ses membres sont tenus de veiller à l'accomplissement des conditions constitutives de la société (art. 6, loi de 1867). D'où une responsabilité écrite dans l'article 8 de la même loi. Il est évident que la loi de 1893, modifiant cet article 8, s'applique au conseil de surveillance comme aux gérants des sociétés en commandite.

Une observation au sujet de cette obligation spéciale. D'après les termes de l'article 8 la responsabilité ne pèse que sur le premier conseil de surveillance. En effet, le conseil de surveillance est soumis à réélection aux époques et suivant les conditions déterminées par les statuts et le premier conseil n'est jamais nommé que pour une année. De plus, les membres du conseil de surveillance étant des mandataires peuvent comme tels être révoqués par l'assemblée générale des actionnaires. La responsabilité ne peut peser sur tous les conseils successifs. Cependant il ne faut pas croire que le premier conseil seul soit responsable. Si le vice primordial subsiste encore au moment de l'entrée en fonctions d'un conseil de surveillance subséquent, en acceptant sans y mettre ordre un pareil état de choses, ce conseil de surveillance commettrait une faute dont il devrait rendre compte.

Pour terminer ce que nous avions à dire sur les articles 8 et 42 modifiés par la loi nouvelle, il nous faut ajouter que ces textes prévoient deux catégories de personnes pouvant être déclarées responsables de la nullité de la société et dont la responsabilité va se trouver par conséquent régie dorénavant par la loi de 1893; ce sont, d'une part, les associés dont les apports ou les avantages n'ont pas été vérifiés et approuvés conformément aux dispositions légales (art. 8 et art. 42) et les fondateurs des sociétés anonymes (art. 42). Donc, d'une façon générale, la responsabilité de ces différentes personnes cessera dans les conditions ajoutées par la loi de 1893 à l'article 8 et à l'article 42. D'autre part, dans les sociétés anonymes, la responsabilité des apporteurs et des fondateurs ne dépassera jamais le montant du préjudice (addition à l'article 42).

Deux observations ici :

D'abord la responsabilité des associés apporteurs ne s'applique pas quelle que soit la cause de la nullité, ce serait une théorie déraisonnable, il faut supposer que la nullité est encourue pour défaut de vérification et d'approbation des apports et avantages particuliers.

Pour les fondateurs ils ne sont visés qu'à propos des sociétés anonymes. Il a été jugé par le tribunal de commerce de la Seine (6 janv. 1892) que les fondateurs d'une commandite par actions ne sont pas responsables de la nullité. Pourquoi cette *inelegantia juris?* Le législateur ne s'occupe pas des fondateurs de commandites parce que généralement les fondateurs seront gérants et tenus de la nullité en qualité de gérants.

Qu'entend-on, soit dit pour terminer, par fondateurs? Il y a là une simple question de fait; cependant, l'exposé des motifs de la loi du 23 mai 1863 sur les sociétés à responsabilité limitée, va nous donner quelques notions.

« Dans la pratique, personne ne se méprendra sur
« les personnes que ce mot désigne, une société, sur-
« tout une société nombreuse ne se forme pas par le
« consentement spontané de tous ses membres; l'idée
« première appartient toujours à une ou à quelques
« personnes qui, après l'avoir mûrie, cherchent à la
« propager. Elles sollicitent et obtiennent des adhésions,
« elles fondent véritablement la société, le vœu de la
« loi est que les fondateurs soient associés: le premier

« titre ne peut convenir qu'à ceux qui ont droit au
« second. Un individu qui par ses soins parviendrait à
« déterminer un certain nombre de capitalistes, de
« commerçants ou d'industriels à former une société
« à laquelle il resterait étranger, ne serait qu'un agent,
« un intermédiaire; on ne pourrait lui donner le titre
« de fondateur. »

Arrivons à un autre rouage du fonctionnement des
sociétés par actions :

2° Assemblées générales d'actionnaires.

Sur les assemblées générales on conçoit qu'il y ait à
traiter deux points; d'abord la tenue de ces assemblées;
ensuite leurs pouvoirs.

a) Tenue des assemblées générales d'actionnaires.
On sait que la loi est beaucoup plus explicite pour la
tenue des assemblées générales en matière de société
anonyme qu'en matière de commandite. Dans la commandite étant données la situation du gérant et la forte
organisation du conseil de surveillance, le législateur
a considéré comme moins importantes les assemblées
générales d'actionnaires, et s'en est peu occupé.

La loi de 1893 a eu le grand tort de ne pas combler
ces lacunes. En notre matière, elle contient cependant
un texte qui, pour nous (V. infrà), vise aussi bien les
commandites que les sociétés anonymes.

L'article 27 de la loi de 1867 déclarait : « Il est tenu
« chaque année, au moins, une assemblée générale à
« l'époque fixée par les statuts. Les statuts déterminent
« le nombre d'actions qu'il est nécessaire de posséder
« soit à titre de propriétaire, soit à titre de mandataire
« pour être admis dans l'assemblée, et le nombre de
« voix appartenant à chaque actionnaire, eu égard au
« nombre d'actions dont il est porteur. »

Nous trouvons dans l'article 4 de la loi de 1893,

« Au paragraphe 1ᵉʳ de l'article 27 (de la loi de 1867) est
ajouté ce qui suit : « Tous propriétaires d'un nombre
« d'actions inférieur à celui déterminé pour être admis
« dans l'assemblée pourront se réunir pour former le
« nombre nécessaire et se faire représenter par l'un
« d'eux. »

Cet article est une transaction entre le système de
l'omnipotence des statuts en matière de tenue d'assemblée générale et le système du suffrage universel des
actionnaires. Évidemment, l'article ne s'appliquera pas
aux assemblées placées déjà par la loi sous l'application
du système du suffrage universel des actionnaires, c'est-
à-dire aux assemblées constitutives soit des sociétés en
commandite, soit des sociétés anonymes.

Il n'est pas douteux que la disposition que nous étudions a un caractère d'ordre public ; les statuts ne
pourraient y déroger puisque son but est précisément
de rompre avec l'omnipotence des statuts.

Quelle est la raison d'être de notre texte? Consultons
le rapport de M. Clausel de Coussergues à la Chambre
des députés. Il faut se rappeler, pour le comprendre,
que M. Georges Graux avait fait une proposition tendant
à la modification de certains articles de la loi de 1867.

« La deuxième modification à la loi de 1867 proposée
« par M. Graux porte sur l'article 27.

« Aux termes de cet article, *les statuts déterminent*
« *le nombre d'actions qu'il est nécessaire de posséder,*
« *soit à titre de propriétaire, soit à titre de mandataire,*
« *pour être admis dans l'assemblée, et le nombre de voix*
« *appartenant à chaque actionnaire, eu égard au nom-*
« *bre d'actions dont il est porteur.*

« Avec ce texte, dit M. Graux, on pourrait redouter
« que les sociétés rédigeassent leurs statuts de façon
« non seulement à évincer le petit actionnaire, mais

« même à empêcher le groupement des petits porteurs
« d'actions. Pour éviter toute contestation sur ce point,
« et pour assurer à l'actionnaire le plus infime le droit
« d'être représenté aux assemblées, nous insérons dans
« l'article 27 un paragraphe qui donne aux actionnaires,
« même porteurs d'un seul titre, le droit de se syndi-
« quer pour organiser leur représentation. »

« Nous avons adopté sans hésitation, la modification
« proposée par M. Graux.

« Nous y trouvons, comme lui, l'avantage de régler
« d'une manière plus conforme au principe de l'égalité
« des droits entre associés, la participation des action-
« naires à l'administration et à la surveillance de la
« société.

« Nous y trouvons, en outre, un avantage pour la
« tenue des assemblées générales. La pratique démontre
« qu'elles deviennent souvent difficiles à constituer, par
« suite de la diffusion des actions, qui réduit le nombre
« des associés possédant le chiffre de titres requis. Cet
« inconvénient ne peut aller qu'en s'aggravant. La
« faculté du groupement que nous introduisons dans
« l'article 27 de la loi de 1867, y remédiera dans une
« certaine mesure. »

On peut ajouter une considération à l'appui de l'innovation constatée. Sous l'empire de la loi de 1867, les
actions pouvant être mises au porteur avant la libération
intégrale, il y avait là, en fait, possibilité pour les petits
actionnaires de se syndiquer et de défendre leurs intérêts. Depuis la loi nouvelle, les actions ne pouvant être
mises au porteur qu'après libération intégrale, il aurait
fallu attendre la libération intégrale pour user de cette
facilité.

Notre innovation n'a, du reste, pas été l'objet de
débats dans les Chambres, mais il nous paraît intéres-

sant de retracer une discussion très approfondie qui
s'était produite au congrès international des sociétés par
actions de 1889.

Résolution n° 15. « La loi doit permettre aux statuts
« de fixer le nombre d'actions nécessaires pour être
« admis aux assemblées générales ; elle doit permettre
« à plusieurs actionnaires de grouper leurs actions pour
« parvenir au nombre d'actions exigé. »

« Discussion :

« M. Renault. — Il me semble qu'il avait été entendu
« ce matin que la proposition n'était pas suffisamment
« claire (je fais appel aux souvenirs de M. Jacquand). Il
« avait été entendu ce matin que, nonobstant la clause
« des statuts, plusieurs actionnaires pouvaient grouper
« leurs actions pour parvenir au nombre d'actions exigé.

« M. Guillery. — Il faut adjoindre les mots : « La loi
« doit permettre. »

« M. Renault. — Voici les idées qui ont été échangées
« ce matin dans la section :

« Plusieurs membres étaient d'avis que la porte des
« assemblées générales devait être ouverte toute grande
« à tous les actionnaires, que tous les intérêts devaient
« pouvoir s'y faire représenter. Nous avons été arrêtés
« par des objections matérielles ; nous avons dit : il peut
« se faire qu'il y ait plusieurs milliers d'actionnaires et,
« qu'en fait, il soit impossible d'avoir une assemblée
« sérieuse. On comprend qu'en vue d'échapper à cet
« obstacle, on dise : il faudra représenter, par exemple,
« quarante actions ; seulement, il faut que les action-
« naires isolés puissent se grouper et déléguer l'un
« d'entre eux pour les représenter. De cette manière, on
« tient compte de divers intérêts engagés.

« Il ne faut pas que les statuts puissent exiger que ce
« soit la même personne qui soit propriétaire des actions

« (il est bon de s'expliquer là dessus). Nous avons admis
« que les actions resteraient nominatives jusqu'à entière
« libération ; si elles étaient au porteur, rien de plus
« simple pour se grouper ; mais pour des actions nomi-
« natives, c'est différent.

« M. Nyssens. — Comment les actionnaires peuvent-
« ils se connaître?

« M. Renault. — Je ne crois pas que ce soit une
« objection ; il me semble qu'il faut qu'on dise : les
« actionnaires pourront se grouper.

« M. Nyssens. — Je suis quelque peu étonné de
« venir défendre le suffrage universel, moi qui repré-
« sente un pays où nous avons le suffrage restreint.

« Nous avons une loi sur les sociétés dans laquelle
« nous avons demandé le suffrage universel des action-
« naires. On dit constamment qu'il n'y a pas suffisam-
« ment de contrôle dans les sociétés anonymes, et vous
« voudriez écarter un petit actionnaire qui a peut-être
« plus d'intérêt que d'autres à contrôler ce qui se fait !
« Je ne comprends pas comment vous pourriez déclarer
« que celui qui n'a pas trente ou quarante actions ne
« peut pas vérifier ou contrôler les bilans.

« Le suffrage universel ne produit aucun inconvé-
« nient ; vous cherchez la lumière, eh bien, en admet-
« tant les petits actionnaires à venir vérifier, vous l'au-
« rez. Je ne vois aucune bonne raison pour décider,
« dans une loi, qu'il faut nécessairement posséder un
« certain nombre d'actions. Nous savons tous, en fait,
« comment les choses se passent. On dit : les locaux
« seront trop petits pour les actionnaires ; vous savez
« que, fort souvent, ils sont trop grands.

« On dit : on pourra se grouper. Mais c'est très
« difficile. Je propose un amendement ainsi conçu :
« Suffrage universel des actionnaires dans les sociétés
« anonymes. »

« M. Droz. — Je crois que l'honorable membre qui
« vient de prendre la parole n'a pas suffisamment
« compris le sens de la proposition.

« Nous n'avons jamais entendu dire qu'obligatoire-
« ment il n'y aurait que les porteurs d'un certain
« nombre d'actions qui prendraient part aux délibéra-
« tions.

« Ce que nous disons, c'est que les statuts doivent
« déterminer à quelles conditions on prendra part aux
« délibérations.

« Il me semble que le sens de la proposition, telle
« qu'elle est faite, serait d'obliger les rédacteurs de
« statuts à admettre tout le monde aux délibérations.
« Je n'opposerai pas le principe du suffrage restreint
« au principe du suffrage universel : on dit d'autant
« plus de bien du suffrage universel qu'on en est d'au-
« tant plus éloigné...

« Les rédacteurs de statuts ont souvent estimé qu'il y
« avait beaucoup de garanties à faire certaines restric-
« tions. La Banque de France, qui est si bien adminis-
« trée, ne l'est que par les deux cents plus forts action-
« naires.

« On veut imposer l'obligation de convoquer tout le
« monde. Il y a des sociétés où il y a cinq, dix mille
« actionnaires; ils auront le droit d'assister aux assem-
« blées? Mais vous rendrez toute délibération impos-
« sible! Vous aurez des discussions absolument sté-
« riles!

« Cela est tellement vrai, que lorsque dans une
« société, il faut consulter tous les actionnaires, le seul
« moyen de les consulter, c'est de ne pas les réunir.
« On leur envoie des circulaires leur demandant de
« donner leur avis par écrit. Il n'y a que ce moyen qui
« soit pratique.

« Je suppose qu'on veuille demander leur opinion

« aux anciens actionnaires du Comptoir d'escompte ;
« il n'y aura qu'un seul moyen de l'avoir, ce sera de
« demander leur avis par écrit.

« Il ne faut pas qu'au nom d'un prétendu principe
« on vienne compromettre la bonne gestion d'une
« société.

« M. le Président. — Je mets aux voix la proposition
« de la section avec la modification de M. Renault, ainsi
« formulée : « Nonobstant toutes clauses contraires des
« statuts, les actionnaires pourront grouper leurs actions
« pour parvenir au nombre d'actions exigé. »

Sur la disposition très simple du nouveau paragraphe
de l'article 27, nous avons un certain nombre de questions à examiner.

L'article 27 vise les sociétés anonymes. Faut-il transporter l'innovation qu'il contient aux sociétés en commandite par actions?

Pour la négative, on peut dire : l'article 27 est un
texte spécial aux sociétés anonymes, la disposition dont
s'agit a un caractère d'ordre public ; on ne peut donc
l'étendre par analogie. — On peut ajouter que les statuts sont plus souverains en matière de commandite
qu'en matière de sociétés anonymes.

Nous croyons cependant qu'il faut étendre notre disposition aux sociétés en commandite : il y a évidemment même raison de décider; MM. Lyon-Caen et
Renault qui traitent la question déclarent qu'il est
fâcheux que la disposition nouvelle soit faite pour les
sociétés anonymes à l'exclusion des sociétés en commandite (Appendice, *Traité de droit commercial*).

Mais faut-il admettre cette exclusion? Est-elle conforme aux intentions du législateur?

Si on consulte le rapport de M. Clausel de Coussergues à la Chambre des députés, rien ne peut y être

relevé en faveur de l'exclusion. Mais, en revanche, le rapport de M. Thévenet au Sénat se place spécialement dans l'hypothèse d'une société anonyme.

Dans ce conflit des travaux préparatoires, il nous paraît tout indiqué de consulter l'exposé des motifs présenté par M. Graux à l'appui de sa proposition de réforme de divers articles de la loi de 1867, proposition qui est l'origine (V. *suprà*) de notre modification de l'article 27. M. Graux proposait d'abord de modifier les articles 1, § 1 et 24 de la loi de 1867 : il voulait l'abaissement du taux minimum dans toutes les sociétés par actions. C'est ensuite qu'il réclame une addition à l'article 27 et voici en quels termes : « Une dernière ques-
« tion reste à résoudre. Aux termes de l'article 27 de la
« loi du 24 juillet 1867, les statuts des sociétés déter-
« minent le nombre des actions nécessaires pour par-
« ticiper aux assemblées. Cet article reconnaît en même
« temps aux actionnaires le droit de se faire représenter
« par un mandataire. Avec le texte de la loi actuelle,
« on pourrait peut-être redouter que les sociétés rédi-
« geassent leurs statuts, de façon non seulement à
« évincer le petit actionnaire, mais même à empêcher
« le groupement des petits porteurs d'actions.

« Pour éviter toute contestation sur ce point et pour
« assurer à l'actionnaire le plus infime le droit d'être
« représenté aux assemblées, nous insérons dans l'ar-
« ticle 27 un paragraphe qui donne aux actionnaires,
« même porteurs d'un seul titre, le droit de se syndi-
« quer pour organiser leur représentation. »

Il nous paraît résulter de la suite et de la liaison des idées que dans l'esprit de M. Graux les innovations qu'il préconisait devaient, la seconde comme la première, s'appliquer à toute société par actions.

Alors pourquoi M. Graux voulait-il consigner son innovation dans l'article 27 spécial aux sociétés ano-

nymes? Pourquoi le législateur de 1893 a-t-il fait de
même? Cela nous parait facile à expliquer. Le législateur de 1893 (comme M. Grau) statuait par voie de
référence à la loi de 1867 et il a été victime de cette
façon de procéder. Dans quel texte aurait-il pu inter-
caler son innovation. En matière de société en commandite la loi est à peu près muette sur les assemblées
générales d'actionnaires : il n'y a que l'article 4 qui
s'occupe précisément de l'assemblée générale consti-
tutive, c'est-à-dire d'une assemblée générale à laquelle
par la force même des choses, l'innovation ne pouvait
s'appliquer (V. *suprà*). Il ne restait plus qu'un texte
spécial aux sociétés anonymes l'article 27; le législateur y a intercalé sa disposition nouvelle, mais nous
croyons que la limiter à la société anonyme serait aller
contre son intention certaine.

Une autre question.

Un exemple pour la faire comprendre. Soit une
société où les statuts déclarent que pour figurer aux
assemblées générales il faudra présenter au moins
dix actions. Il est certain que deux actionnaires ayant
cinq actions chacun pourront profiter de la disposition
nouvelle. Soit maintenant deux actionnaires ayant l'un
quinze actions l'autre cinq actions. Pourront-ils se syndiquer? L'actionnaire qui a cinq actions pourrait-il, en
quelque sorte, emprunter à l'autre cinq actions afin de
figurer à l'assemblée générale? L'actionnaire qui a
quinze actions pourrait-il y réunir les cinq actions de
l'autre actionnaire non plus pour venir à l'assemblée
générale, mais pour y avoir plus d'une voix?

Nous répondons négativement à cette question.

Nous nous appuyons d'abord sur le texte de l'addition
faite à l'article 27. On parle, dans ce texte, de « pro-
« priétaires d'un nombre d'actions inférieur à celui
« déterminé pour être admis dans l'assemblée. »

Du reste, comment cela se passerait-il dans l'opinion contraire? Le propriétaire de quinze actions figurerait d'abord en personne à l'assemblée du chiffre de ses dix actions, puis serait représenté du chef des cinq autres; c'est-à-dire qu'il figurerait à la fois à l'assemblée générale en personne et par représentant; est-ce possible?

Enfin, quelle est la pensée de la loi? C'est de permettre aux petits actionnaires de participer à l'administration et à la surveillance des sociétés par actions. Ce n'est pas de permettre à un actionnaire d'augmenter le nombre de ses voix. Décider le contraire serait aller contre l'intention du législateur qui veut protéger par cette disposition nouvelle les petits actionnaires contre les gros.

En définitive, nous n'admettons pas le propriétaire de quinze actions et celui de cinq à se réunir (argument tiré du texte même) qu'il s'agisse pour l'actionnaire de cinq actions de venir à l'assemblée générale (2ᵉ argument) ou qu'il s'agisse pour l'actionnaire de quinze actions d'augmenter sa situation dans l'assemblée générale (3ᵉ argument).

Troisième question.

L'article 27 dit que les petits actionnaires « pourront « se réunir pour former le nombre nécessaire et se « faire représenter par l'un d'eux. » Est-il nécessaire que ce soit par l'un d'eux? Ne pourraient-ils se faire représenter par un mandataire étranger?

Nous n'y voyons aucun inconvénient. C'est aux statuts à déterminer si un actionnaire peut ou non se faire représenter aux assemblées générales par un mandataire étranger ou seulement par un actionnaire. Très souvent les statuts empêcheront de se faire représenter par un mandataire non associé pour que des étrangers ne s'immiscent pas dans les affaires sociales. Mais lorsque les statuts ne contiennent aucune restriction à ce sujet, on ne voit pas pourquoi le législateur suppléerait à cette restriction. Tout ce que veut la loi de 1893, c'est que les petits actionnaires puissent se faire représenter : la personnalité du représentant est absolument indifférente.

Mais alors comment comprendre les termes de la loi? Nous les interprétons très facilement. Le législateur pose une règle d'ordre public que les statuts ne peuvent violer. Si l'article 27 avait déclaré que les petits actionnaires pourraient se faire représenter par un mandataire associé ou étranger, alors les statuts n'auraient pas pu empêcher l'introduction d'un étranger dans les affaires sociales; sur ce dernier point la loi a voulu (parce qu'elle n'avait aucun intérêt à décider en sens contraire) réserver l'omnipotence des statuts.

Si nous admettons les petits actionnaires à se faire représenter (à moins que les statuts ne s'y opposent), par un mandataire même étranger, *à fortiori*, peuvent-ils se faire représenter non seulement par l'un d'eux, mais encore par un actionnaire membre de l'assemblée pris en dehors d'eux (et ici aucune clause contraire des statuts ne peut se supposer).

Un dernier point.

L'article 27, dans sa partie nouvelle, s'applique-t-il aux sociétés constituées antérieurement à 1893?

La loi est absolument muette sur ce point et on ne peut rien inférer dans un sens ni dans l'autre du silence des dispositions transitoires. En effet, nous voyons l'article 7 de la loi de 1893, tantôt déclarer que tel article de la loi nouvelle, s'applique aux sociétés antérieures à 1893 (par exemple, l'alinéa 3 de l'art. 7), tantôt, au contraire, que tel article ne s'applique pas (alinéa 1er).

Nous croyons, cependant, par application des prin-

cipes généraux, que notre article 27 ne s'appliquera
pas. Soit une clause des statuts d'une société antérieure
à 1893, portant qu'un actionnaire, pour figurer aux
assemblées générales, devra être propriétaire de dix
actions. Il s'agit, dans notre question, de la validité de
cette clause des statuts, de savoir si cette clause conti-
nuera à s'appliquer d'une façon omnipotente après la
loi nouvelle comme avant, si elle empêchera les petits
actionnaires de se réunir pour figurer par l'un d'eux
aux assemblées générales. Lorsqu'il s'agit de la validité
et des effets des contrats, on décide que cette validité
et ces effets doivent se déterminer d'après la loi en
vigueur au moment où le contrat a été formé. C'est ce
que nous avons, du reste, déjà décidé pour les conditions de constitution des sociétés par actions. La modification de l'article 27 ne s'appliquera donc pas aux
sociétés antérieures à la loi de 1893.

Dans le même ordre d'idées, un autre argument. On
se rappelle qu'une des raisons de l'innovation de l'article 27, c'est la suppression de la faculté qui existait
sous l'empire de la loi de 1867 de mettre les actions au
porteur avant leur libération intégrale. Or, cette faculté
n'a pas été retirée aux sociétés antérieures à la loi de
1893.

b) *Pouvoirs des assemblées générales d'actionnaires.*

Il s'agit de leurs pouvoirs en ce qui concerne la modification de leurs statuts.

Il existe, sur ce point, une grosse controverse qui se
présente dans les mêmes termes, qu'il s'agisse d'une
société en commandite ou d'une société anonyme.

La difficulté porte sur deux points.

D'abord, l'assemblée générale des actionnaires a-
t-elle *de plano* le droit de modifier les statuts, ou bien
faut-il qu'une clause des statuts lui confère ce droit?

Cela revient à se demander si les statuts doivent être considérés comme renfermant implicitement le pouvoir pour l'assemblée de les modifier. Si on décide négativement la question, en l'absence d'une clause des statuts, les modifications ne peuvent être votées que par l'unanimité des actionnaires.

Ensuite, le droit de modifier les statuts reconnu à l'assemblée générale des actionnaires entraîne-t-il le pouvoir d'apporter un changement, une modification quelconque?

Sur la première question, la jurisprudence paraît dans le sens de l'affirmative (Cass., 30 mai 1892, D. P. 1893, p. 1, p. 105. — Consulter sous cet arrêt une note remarquable de M. Thaller).

Sur la deuxième question, la jurisprudence paraît admettre la distinction suivante : L'assemblée générale pourrait voter les modifications aux clauses secondaires, mais les bases essentielles de la société ne sauraient, sauf convention expresse, être touchées que par l'unanimité des actionnaires.

Quelle est donc la théorie qu'il faut admettre sur les pouvoirs des assemblées générales? Nous faisons bien entendu abstraction, pour le moment, de la loi de 1893.

Nous ne croyons pouvoir mieux faire que de transcrire ici les conclusions auxquelles arrive M. Thaller dans l'excellente note que nous indiquons *suprà*, et à laquelle nous adhérons complètement. Pour les arguments donnés à l'appui des solutions, renvoi à la note.

Pour M. Thaller, l'assemblée générale des actionnaires peut, *de plano*, faire subir des modifications au pacte social; quant à l'étendue de ces modifications évidemment il y a une limite que l'assemblée générale ne peut dépasser. Mais faut-il, avec la jurisprudence, distinguer les clauses essentielles du contrat de société et les clauses secondaires? Ce critérium n'est guère satisfaisant. « Il règne en doctrine comme en « jurisprudence une véritable langue de Babel, sur ce « qu'il faut entendre par modification secondaire ou « changement radical. » Comment savoir si une clause est fondamentale ou accessoire? tout dépend de l'intention de chaque actionnaire, et l'intention est éminemment variable ou diverse. M. Thaller propose donc de déclarer que « la modification étant le fait par la « société d'apporter, tout en restant elle-même, tel « amendement qu'elle voudra à ses conditions de mar- « che, » les mesures qui ne peuvent être prises sans excès de pouvoir par l'assemblée sont celles qui « tendraient au fond à anéantir l'ancienne société, à « l'effet de la remplacer par une autre : un nouveau « statut est nécessaire, avec l'unanimité de tous ceux « à qui ce statut doit s'appliquer. »

Dans cet ordre d'idées, pour le savant professeur de Paris, l'assemblée générale ne pourrait changer l'objet de l'entreprise ni transformer la société « en « un type juridique d'un autre caractère, comme la « conversion de la société anonyme en commandite « par actions. »

Pour compléter sa théorie, M. Thaller déclare que les actionnaires ont certains droits intangibles, des droits non syndiqués sur lesquels l'assemblée n'a aucune espèce de prise. Il y a donc là une seconde limite aux pouvoirs de l'assemblée. « Sous le statut général qui « sert de charte de conduite à la société, le regard « perçoit autant de contrats particuliers que de sous- « cripteurs, des contrats rédigés peut-être tous en une « commune formule, mais qui n'en font pas moins de « chaque adhérent un stipulant qui limite sa prestation « et regarde la société, l'être moral, comme sa contre- « partie. L'actionnaire, sans doute, a consenti à se

« laisser enchaîner, mais pas au delà d'un certain
« cercle, que le contrat de souscription a précisément
« pour but de tracer. S'il y a, comme tout porte à le
« croire, un véritable contrat synallagmatique entre la
« société, c'est-à-dire le tout, et l'actionnaire, c'est-à-
« dire l'individu, l'une des parties contractantes, le
« tout représenté par l'assemblée, est sans pouvoir pour
« dénaturer après coup ce contrat, et mettre à la charge
« de la partie opposée des obligations que celle-ci
« n'avait pas assumées dès le début. Depuis quand a-
« t-on vu une convention se défaire par la volonté uni-
« latérale de l'une des parties qui l'ont signée? »

Notons encore (V. suprà) que les modifications aux
statuts, votées par les assemblées d'actionnaires, ne
sauraient porter atteinte aux droits acquis à des tiers.

Cette théorie, que nous venons d'exposer d'après
M. Thaller, ne reçoit-elle pas quelque modification
ou confirmation de la loi nouvelle?

Le Sénat, dans son projet de 1884, s'était préoccupé
des pouvoirs des assemblées générales.

L'article 2 du projet du Sénat était ainsi conçu :
« L'assemblée générale peut modifier les statuts de la
« société, si cette modification est autorisée par les
« statuts.

« Sauf dispositions contraires, expressément insérées
« dans les statuts, l'assemblée générale ne peut :

« 1° Augmenter ou diminuer le chiffre du capital
« social ;

« 2° Prolonger ou réduire la durée de la société ;

« 3° Changer la quotité de la perte qui rend la disso-
« lution obligatoire ;

« 4° Décider la fusion avec une société ;

« 5° Modifier le partage des bénéfices.

« A défaut de clauses expresses dans les statuts, les

« actes prévus aux deux paragraphes précédents seront
« valables s'ils ont été faits avec le consentement una-
« nime des actionnaires.

« Dans aucun cas, l'assemblée générale ne peut
« changer l'objet essentiel de la société. »

Les pouvoirs publics laissaient, en 1893, cette question pourtant si importante de côté, lorsque M. Poirrier, sénateur de la Seine, proposa l'amendement suivant :

« L'assemblée générale des actionnaires a les pou-
« voirs les plus étendus pour faire ou ratifier les actes
« qui intéressent la société.

« Elle peut, sauf disposition contraire, insérée dans
« les statuts, et sous réserve des droits des tiers, appor-
« ter toute modification aux statuts, ne changeant pas
« l'objet essentiel de la société.

« Elle peut :

« Augmenter ou réduire le capital social ;

« Prolonger ou réduire la durée de la société ;

« Décider la fusion avec une autre société ;

« Changer la quotité de la perte qui rend la disso-
« lution obligatoire....... »

M. Poirrier entr'autres arguments faisait valoir que
son amendement s'inspirait de l'article 59 de la loi
belge ainsi conçu : « L'assemblée générale des action-
« naires a les pouvoirs les plus étendus pour faire ou
« ratifier les actes qui intéressent la société. Elle a, sauf
« disposition contraire, le droit d'apporter des modifi-
« cations aux statuts, mais sans pouvoir changer l'objet
« essentiel de la société. »

L'amendement de M. Poirrier a été repoussé : voici
ce que déclara à ce sujet M. Thévenet, rapporteur au
Sénat :

« Messieurs, voici ma réponse sur l'amendement de
« l'honorable M. Poirrier.

« Dans les sociétés anonymes il y a une double
« organisation ; vous y trouvez d'abord, qu'on me per-
« mette de le dire, le pouvoir exécutif qui est exercé
« par le conseil d'administration de la société, puis le
« pouvoir délibérant que représente l'assemblée géné-
« rale des actionnaires. L'amendement de M. Poirrier a
« trait à ces assemblées générales. Leurs pouvoirs dans
« une société anonyme sont en général précisés dans les
« statuts sociaux qui les déterminent soit au point de
« vue du contrôle, soit au point de vue des modifica-
« tions qu'il pourrait être utile d'apporter au pacte
« social ; il est de règle que les assemblées générales
« sont souveraines pour trancher toutes les questions
« qui intéressent la société, sous une réserve cependant,
« c'est qu'elles ne pourraient pas changer l'objet pour
« lequel la société a été créée. Ainsi, par exemple,
« voici une société constituée pour cultiver un domaine ;
« elle ne pourrait, même avec l'assentiment de l'as-
« semblée générale, exploiter une usine ou une mine.

« L'objet social doit toujours être respecté. Mais
« sauf cette réserve, les assemblées générales sont
« vraiment souveraines.

« Eh bien, le législateur de 1867 a réglé, dans son
« article 31, la composition des assemblées générales
« appelées à délibérer sur les statuts sociaux, et il a
« déterminé quelle devrait être la majorité pour pren-
« dre une décision valable.

« Ce texte est-il suffisant ? Faut-il, au contraire le
« corriger, comme le voudrait M. Poirrier ?

« Voilà la question qui est soumise à l'appréciation
« du Sénat.

« Nous avons pensé que ce texte était suffisant.
« D'abord cet article 31 de la loi de 1867 est aujour-

« d'hui interprété de la façon la plus large par la
« jurisprudence. Depuis l'arrêt de la Cour de cassation
« de 1892, que citait l'honorable M. Poirrier lui-
« même, la jurisprudence n'a presque jamais varié;
« elle a toujours reconnu aux assemblées générales le
« pouvoir souverain, même de modifier les statuts, à
« la condition de ne pas changer l'objet de la société.

« Cet article 31, ainsi interprété par la jurisprudence,
« nous paraît donc fort clair; il est, croyons-nous, de
« nature à sauvegarder les intérêts de tous. Il n'y faut
« rien changer.

« Le texte proposé par M. Poirrier a d'ailleurs un
« inconvénient qui résulte de sa rédaction même. Il
« suffit de relire son texte pour saisir la critique que je
« lui adresse. M. Poirrier énumère les cas sur lesquels
« devra délibérer l'assemblée générale.

« Or, dans un texte législatif, il est souvent impru-
« dent de procéder par énonciation, car, quelle que
« soit l'attention du législateur, il peut commettre un
« oubli; le texte qu'il a rédigé devient donc incomplet
« au grand préjudice de tous, car les tribunaux inter-
« préteront avec raison l'énonciation comme étant limi-
« tative.

« Ne vaut-il pas mieux rester dans le *statu quo* ?

« L'article 31 de la loi de 1867, je le répète, est abso-
« lument clair; il est interprété depuis 1884 par la
« jurisprudence de la façon la plus large.

« Il est aujourd'hui reconnu par tout le monde que
« les assemblées générales sont souveraines; laissons
« leur cette souveraineté telle que l'a faite la loi de
« 1867 sans rien changer. Cela vaut mieux que d'é-
« crire un texte qui pourrait prêter à des contesta-
« tions. »

On peut donc dire que la question des pouvoirs des
assemblées générales d'actionnaires n'a pas été tran-

chée *in terminis* par la loi de 1893. Il faut constater dans la loi nouvelle une importante lacune et appeler sur ce point l'attention du législateur.

Nous avions cru un moment trouver l'indication de la volonté du législateur en notre matière dans l'article 7 dernier alinéa de la loi de 1893. Un examen plus approfondi de la question nous a fait modifier notre manière de voir. Il s'agit dans ce texte (argument tiré des travaux préparatoires voir *suprà*) d'une décision spéciale du législateur, favorable à l'unification de situation des sociétés, mais cette décision ne peut être étendue hors de l'hypothèse prévue.

Avant de quitter les pouvoirs des assemblées générales d'actionnaires faisons l'application de notre théorie à quelques questions que nous avons naguère laissées intentionnellement de côté.

Soit une société antérieure à la loi de 1893. Cette société veut alléger ses titres pour les mettre en rapport avec la loi nouvelle.

Nous croyons que cet allègement, cette division des titres pourra être valablement votée par l'assemblée générale des actionnaires, sans clause spéciale dans les statuts.

Même décision s'il s'agit pour la société de supprimer de ses statuts, pour opérer cette division des titres, une clause permettant la mise des actions au porteur avant libération intégrale. Notre solution est d'autant plus certaine que, cette clause maintenue, l'assemblée générale des actionnaires pourrait fort bien refuser de voter la conversion. Elle ne fait pas autre chose, mais par avance.

Les titres n'étant pas libérés, l'assemblée générale, pour arriver à l'allègement des actions, pourrait-elle décider la libération immédiate ? Certainement oui, à moins que les époques des versements n'aient été fixées d'avance et ne soient par conséquent des conditions des contrats faits avec la société par les divers souscripteurs, car, dans ce cas, les droits individuels des actionnaires feraient obstacle aux pouvoirs de l'assemblée générale.

Quid, de la conversion inverse des titres au porteur en titres nominatifs ou reconversion dont nous avons parlé à propos de cet allégement des titres? Nous croyons que l'assemblée générale peut la voter.

Mêmes questions et mêmes solutions s'il s'agit d'une société nulle qui veut purger son vice (V. *suprà*).

Si la nullité d'une société tient à la méconnaissance des règles légales sur le minimum des actions, l'assemblée générale, pour réparer le vice, pourrait-elle élever le chiffre des actions, ou fusionner plusieurs titres en un seul d'une plus grande valeur ?

Nous croyons qu'il faudrait le consentement de l'unanimité des actionnaires. En effet, élever le chiffre des actions serait augmenter au mépris de leurs droits individuels les obligations des divers souscripteurs. Fusionner plusieurs titres en un seul pour arriver au chiffre légal serait risquer d'exproprier certains actionnaires, toujours au mépris de leurs droits individuels.

Abordons maintenant les droits individuels des actionnaires.

3° *Droits individuels des actionnaires.*

Nous nous occupons seulement sous cette rubrique du droit qui appartient aux actionnaires de céder leurs titres. (La loi de 1893 en ce qui concerne les droits individuels des actionnaires, ne vise que cette faculté spéciale.) On se rappelle que la différence entre l'action et l'intérêt se tire précisément du caractère naturelle

ment et normalement intransmissible de l'un et transmissible de l'autre.

La première question qui se présente tout d'abord
est la suivante :

a) *Les actions sont-elles toujours transmissibles?*

Il faut tout d'abord avoir soin de distinguer deux
choses : la cession et la négociation. La cession c'est la
transmission de l'action par les modes du droit civil;
la négociation c'est la transmission par les modes abré-
gés du droit commercial, transfert, tradition, endossement suivant que le titre est nominatif, au porteur
ou à ordre.

La cession est quelque chose de plus large que la
négociation, c'est-à-dire que là où la cession de l'action
est impossible, il en est de même *à fortiori* de la négociation. Mais la réciproque n'est pas exacte.

Les restrictions que nous allons constater soit à la
cession, soit à la négociation des actions sont de droit
exceptionnel; elles constituent autant de dérogations
au principe que chacun peut faire ce qu'il veut de ce
qui lui appartient.

Pour la cession, nous ne trouvons de restriction que
dans l'article 26 de la loi de 1867. « Les administra-
« teurs doivent être propriétaires d'un nombre d'ac-
« tions déterminé par les statuts. — Ces actions sont
« affectées en totalité à la garantie de tous les actes de
« la gestion, même de ceux qui seraient exclusivement
« personnels à l'un des administrateurs. — Elles sont
« nominatives, inaliénables, frappées d'un timbre indi-
« quant l'inaliénabilité et déposées dans la caisse so-
« ciale. »

Comme restrictions à la négociabilité des actions nous
avons à étudier un cas antérieur à la loi de 1893 et
un cas introduit par cette loi.

L'article 2 de la loi de 1867 déclare : « Les actions
« ou coupons d'actions sont négociables après le ver-
« sement du quart. »

Cet article vise la société en commandite et s'applique à la société anonyme (art. 24, loi de 1867).

Il résulte *à contrario* de ce texte que les actions ou
coupons d'actions ne sont pas négociables avant ce versement. La raison de cette disposition de la loi c'est
que les formes de la négociation sont très rapides, et
de nature à faciliter l'agiotage qui est surtout à craindre au début de la société, alors que l'incertitude sur
le sort de l'entreprise facilite la variation des cours.
Le même danger n'existe pas pour la cession; d'où l'article 2 ne la vise pas.

L'article 2 soulève une controverse dont la solution
est d'une grande importance au point de vue de la loi
de 1893. On se demande s'il faut entendre l'article 2
d'après son sens apparent : faut-il dire que les actions
sont négociables après le seul versement du quart; ou
bien la négociation n'est-elle possible qu'après la constitution de la société qui peut être bien postérieure au
versement du quart, puisqu'il faut procéder à la vérification des apports et à l'approbation des avantages
particuliers, etc.?

Cette seconde opinion paraît plus exacte. On s'appuie
d'abord sur un argument tiré de l'article 50 de la loi
de 1867 sur les sociétés à capital variable. D'après ce
texte, la négociation des actions ne peut avoir lieu
qu'après la constitution de la société.

Quelle raison y aurait-il de distinguer sur ce point
entre les sociétés à capital variable et les autres sociétés? Ne peut-on pas ajouter que dans la période intermédiaire entre le versement du quart et la constitution
définitive de la société, il n'y a qu'un projet de société :
l'émission des actions est défendue et punie par l'ar-

ticle 13 de la loi, et il est matériellement impossible
que la négociation précède l'émission. — On peut tirer
aussi argument d'un incident des travaux préparatoires
de la loi de 1867. Un amendement avait été présenté,
déclarant que « la négociation des actions ou coupons
« d'actions est interdite avant la constitution définitive
« de la société. » Cet amendement fut rejeté sur l'observation du rapporteur que « l'économie de la loi dans
« son ensemble indique cette idée. »

Notre décision a une grande importance au point de
vue de la loi de 1893. D'après cette loi pour la constitution de la société, il faut tantôt le versement du quart
comme sous la loi de 1867, tantôt le versement intégral. Nous croyons donc que la loi nouvelle, qui n'a
pas touché expressément l'article 2 de la loi de 1867,
l'a touché implicitement. Mais le législateur aurait bien
fait de s'expliquer. Soit dit en passant, du reste, le législateur de 1893 aurait dû soumettre le texte de la
loi de 1867 à une révision sévère pour le mettre d'accord avec les dispositions nouvelles de la loi de 1893.
C'est ce qu'il a oublié de faire. Citons l'article 1er, dernier alinéa, l'article 11, alinéa 1er, l'article 25, alinéa
1er, l'article 55, alinéa 2 de la loi de 1867...

La loi de 1893 a introduit une nouvelle restriction
à la négociation des actions.

Art. 2. « L'article 3 (de la loi de 1867) est modifié
« comme suit : ... Ces actions (les actions représentant
« des apports) ne peuvent être détachées de la souche
« et ne sont négociables que deux ans après la consti-
« tution définitive de la société. Pendant ce temps elles
« devront, à la diligence des administrateurs, être frap-
« pées d'un timbre indiquant leur nature et la date de
« cette constitution. »

Pourquoi cette disposition? Pourquoi les actions ordinaires sont-elles négociables dès la constitution de la

société et les actions d'apport seulement deux ans après
cette constitution?

Le nouveau texte a été voté sur un amendement proposé par M. Poirrier. Assistons à la discussion entre
MM. Poirrier et Lucien Brun, d'un côté; le commissaire du gouvernement et le rapporteur au Sénat de
l'autre.

A l'appui de son amendement, M. Poirrier fait valoir
une idée qu'il a déjà formulée à plusieurs reprises : dans
la pensée de la loi nouvelle, les sociétés s'adressent à la
petite épargne et il faut protéger cette petite épargne.
Des personnes fondent (les faits sont là pour le prouver)
des sociétés à grand renfort de réclames, reçoivent des
actions en échange d'apports majorés, se hâtent de se
débarrasser de leurs titres et abandonnent à son mal-
heureux sort la société mort-née qu'elles ont créée.
Attacher pendant un certain temps ces apporteurs à la
société c'est empêcher la réalisation de ce plan, c'est
assurer le caractère sérieux des apports et de la société
elle-même. Pour protéger la petite épargne on a décidé
que les actions d'apport devraient être intégralement
libérées lors de la constitution de la société. Il en résulte
qu'elles pourront être mises immédiatement au porteur.
Si l'amendement n'était pas adopté, la disposition déjà
votée sur la libération des actions d'apports favoriserait
la pratique blâmable indiquée plus haut, de telle sorte
que cette disposition écrite dans l'intérêt de la petite
épargne se retournerait contre elle.

M. Poirrier fait remarquer que son amendement n'est
que la reproduction du texte voté par le Sénat en 1884,
et il cite les paroles prononcées par M. Rônjat au cours
de la discussion sur cet article :

« La vérification par une assemblée n'empêchera pas
« certaines fraudes de se produire : elle n'empêchera

« pas que les apporteurs en nature, qui sont les grands
« artisans de ces fraudes, n'induisent en erreur les sous-
« cripteurs sérieux ceux qui apportent leurs capitaux et
« versent réellement en espèces.

« En conséquence, la commission a pensé qu'une
« dernière précaution était à prendre : c'était de lier
« pendant un certain délai, un délai de deux ans, les
« apporteurs en nature et de leur dire : malgré la véri-
« fication faite par l'assemblée, nous n'avons pas en
« vous une pleine confiance, et nous exigeons que vos
« actions restent, non pas précisément indisponibles,
« mais non négociables pendant ces deux ans, parce
« que pendant ce temps-là, si vous n'avez pas fait un
« apport sérieux, si ce que vous avez apporté ne vaut
« rien, si vous avez trompé les actionnaires qui versent
« des espèces la fraude sera découverte et alors vous
« serez soumis à une responsabilité véritablement effec-
« tive ; de plus vous ne pourrez profiter vous-mêmes de
« la fraude que vous aurez organisée. »

Voici ce que disait encore M. le conseiller Monod
dans son rapport aux Chambres réunies de la Cour de
cassation, sur le dit article proposé au Sénat :

« Votre commission n'approuve pas moins le second
« alinéa de l'article 7 qui porte que les actions repré-
« sentant l'apport ne pourront être détachées de la
« souche et ne seront négociables que deux ans après la
« constitution définitive de la société. L'existence de la
« société pendant ce laps de temps est la seule preuve
« acceptable que la société était sérieuse. »

Des objections ont été formulées.

D'abord, par le commissaire du gouvernement.

Le danger signalé par M. Poirrier est réel. La majoration des apports en nature est un germe de mort pour

bien des sociétés. On a cherché force remèdes (voir *suprà*, ce que nous avons dit au sujet de l'apport dans les sociétés par actions). Le remède proposé par M. Poirrier peut-il être accepté?

« L'honorable M. Poirrier propose un autre moyen
« qui est inspiré d'un vote du Sénat de 1884, ce qui
« lui donne une grande autorité. Cependant le Sénat
« me permettra de lui soumettre une objection devant
« laquelle la commission et le gouvernement ont re-
« culé! Il s'agit de frapper d'inaliénabilité, pendant
« deux années, toutes les actions qui représentent les
« apports faits en nature. C'est aller beaucoup trop loin.
« Il est bien entendu que si nous voulons protéger
« l'actionnaire contre les fraudes possibles, nous ne vou-
« lons pas rendre plus difficile la constitution des so-
« ciétés honnêtes. C'est pourtant à ce résultat que vous
« arriveriez si l'amendement de M. Poirrier était adopté.
« Voici un industriel honnête, loyal, qui apporte en
« société une usine qui, le plus souvent, constitue toute
« sa fortune; si vous décidez que les actions d'apport
« qui lui seront attribuées seront, pendant deux an-
« nées, attachées à la souche et ne pourront pas être
« négociées, vous immobilisez tout son actif. »

La même idée, avec une précision de plus, a été indiquée par le rapporteur au Sénat, M. Thevenet.

« Vous paralysez, comme le faisait très bien remar-
« quer M. le Commissaire du gouvernement, des com-
« binaisons qui peuvent être parfaitement honnêtes.

« Voulez-vous me permettre de vous en donner un
« exemple?

« Imaginez, Messieurs, un père de famille proprié-
« taire d'une industrie importante qui constitue toute
« sa fortune, d'une usine dont la valeur est immobi-
« lisée, qui ne peut, dans tous les cas, être commodé-
« ment divisée en nature; imaginez que ce père de

« famille désire liquider cette fortune, soit parce qu'il
« est arrivé à un âge où il ne peut plus s'occuper aussi
« activement que par le passé de ses affaires, soit parce
« qu'il veut partager lui-même entre ses enfants tout
« ce qui constitue sa fortune, le produit du travail de
« toute sa vie.

« Eh bien! Messieurs, si ce père de famille veut met-
« tre en société son usine pour avoir, à la place de ses
« immeubles, un titre négociable, il en sera sûrement
« empêché par l'obligation que vous lui imposeriez de
« frapper pendant deux ans ses titres d'inaliénabilité.

« Il lui sera impossible de distribuer ses actions selon
« ses vues, ou de les réaliser, comme il avait l'intention
« de le faire, en créant la société anonyme. Est-ce que
« vraiment vous ne paralysez pas ainsi une combinaison
« absolument loyale, absolument honnête? »

Autre objection.

La fraude ne se présume pas; on ne peut faire une
règle générale en vue de cas exceptionnels.

Enfin, il est un principe du droit français auquel il
est imprudent de faire échec, c'est le principe de la
libre circulation des biens; et l'amendement de M. Poirrier y fait échec.

Ces deux derniers arguments, dirons-nous, ne portent pas. Bien que la fraude ne se présume pas, bien
souvent le législateur prend des mesures pour empêcher des fraudes possibles.

En ce qui touche le principe de la libre circulation
des biens, on pourrait répondre que le législateur a le
droit de porter atteinte à ce principe pour des motifs
d'ordre supérieur et que le désir de protéger la petite
épargne est bien un de ces motifs d'intérêt supérieur.
Mais nous ajouterons, avec M. Poirrier lui-même, que
ce n'est pas l'inaliénabilité des actions d'apport qui est

édictée, que c'est simplement une restriction à la faculté
de négocier.

L'argument fondamental des adversaires a été parfaitement réfuté par M. Lucien Brun qui y a fait une
double réponse :

« Je demande quel inconvénient il peut y avoir. — Je
« réponds ici à l'observation capitale de la réponse de
« l'honorable commissaire du gouvernement — pour un
« homme qui a apporté dans une société des propriétés
« à leur valeur véritable, quel inconvénient, dis-je, y
« a-t-il à penser que, pendant deux ans, il ne pourra
« pas détacher de la souche les actions libérées qui lui
« ont été données en échange?

« En effet, si véritablement il a évalué à leur valeur
« véritable les biens qui constituent son apport dans la
« société, il est parfaitement sûr qu'il retrouvera au
« bout de deux ans la valeur qu'il a apportée.

« Si, au contraire, il a essayé de se débarrasser de
« ce qu'il possède uniquement pour sortir au plus vite
« de cet édifice mal construit, dont il prévoyait l'écrou-
« lement, n'est-il pas juste que la loi l'ait contraint à
« donner sa collaboration pendant ce court délai de
« deux ans, à l'œuvre fondée par lui et à partager le
« sort de ceux — pour la plupart ignorants et crédules
« — qui lui avaient confié leurs épargnes? Le devoir
« du législateur n'est-il pas de leur donner cette pro-
« tection et de dire à l'homme qui aura apporté dans
« une société des immeubles dont peut-être il avait
« envie de se débarrasser et qu'il ne trouvait pas à ven-
« dre, de lui dire : Vous avez fondé une société, restez-
« y le temps voulu pour que personne ne puisse soup-
« çonner que vous ne l'avez constituée que pour vous
« en échapper dès que vous le pourriez?

« J'ajoute que si les apports ont été estimés à leur

« prix véritable, comme le disait l'honorable M. Poir-
« rier tout à l'heure — et je crois avoir bien compris
« sa pensée, — les actions qui les représentent ont
« elles-mêmes une valeur véritable; elles représentent
« la part qui revient au fondateur dans les immeubles
« qu'il a apportés et il empruntera sur ses parts. Ce
« sont alors ceux qui lui prêteront qui courront les
« chances. Ils ont à vérifier eux-mêmes si les actions ont
« la valeur que le fondateur aura essayé de leur faire
« atteindre par une publicité dont, hélas! nous savons
« un peu le prix.

« Il empruntera, mais les actions resteront à la souche.
« Cette perspective rendra les fondateurs prudents et
« cette disposition législative sera certainement une
« garantie pour beaucoup de pauvres gens faciles à
« séduire.

« Voilà, Messieurs, les observations que j'ai cru
« devoir présenter au Sénat. J'estime dans ces condi-
« tions que l'amendement de M. Poirrier peut être voté
« sans aucun inconvénient sérieux et qu'il offre des
« garanties vraiment efficaces. »

Et ailleurs :

« Je poserai à l'honorable rapporteur la question
« suivante : N'y a-t-il pas une garantie pour le public
« dans la certitude que le fondateur de la société se
« sentira obligé de rester pendant deux ans dans la
« société dont il s'agit? Vous ne pouvez pas le nier. Et,
« quant à l'objection que vous avez fait valoir sur l'hon-
« nête père de famille qui peut partager sa fortune
« entre ses enfants, la réponse me paraît très simple.
« Il aura des actions et il les partagera entre ses enfants,
« qui, au bout de deux ans, pourront les vendre.
« Remarquez que, dans ce cas, le fondateur est certain
« qu'il les vendra à la valeur véritable qu'elles auront

« alors, après l'épreuve du temps. Sinon vous courez
« le péril que voici, et les exemples sont assez nom-
« breux pour que je n'aie pas besoin de les citer, ils
« sont dans l'esprit de tout le monde.

« On fonde une société; nous savons par quels pro-
« cédés, par quelles manœuvres, par quelles expertises,
« et par quelle presse cette opération est pratiquée.

« On y fait entrer des immeubles auxquels on attri-
« bue une valeur supérieure à la valeur réelle, puis,
« par des moyens que vous connaissez, on fait monter
« les actions, on les vend à haut prix, puis elles retom-
« bent et l'œuvre est accomplie.

« Voilà ce qu'il faut empêcher. »

Quelle est au juste la portée d'application de notre
texte?

Il vise les actions d'apport, que ce soient des actions
correspondant exclusivement à des apports en nature
ou des actions mixtes. La preuve en est d'abord dans
l'esprit de la loi : *eadem ratio legis*. Ensuite dans le
texte : les actions qui ne peuvent être négociées pendant
deux ans ce sont les mêmes qui d'après le même texte
doivent être intégralement libérées au moment de la
constitution de la société. Or, ces actions sont toutes les
actions d'apport et tout spécialement les actions mixtes
(V. *supra*).

Notre texte défend la négociation des actions d'apport
mais n'édicte pas l'inaliénabilité; d'où la cession par
les moyens civils reste permise. Nous n'en voulons pour
preuve que ce passage du discours de M. Poirrier. « On
« nous a dit : Mais enfin vous ne pouvez pas empêcher
« qu'on dispose d'une propriété qui est aussi respectable
« qu'une autre. Nous ne disons pas, qu'on ne pourra pas
« en disposer; on pourra en disposer par les voies
« civiles, seulement nous disons que ces actions ne

« seront pas négociables pendant une période de deux
« années. »

Pourquoi cette distinction? (mêmes explications que
sur l'article 2 de la loi de 1867).

La cession par les voies civiles produira ses effets de
droit commun, c'est-à-dire fera passer l'action du
cédant au cessionnaire. Le cessionnaire aura tous les
droits d'un actionnaire ordinaire, notamment de figurer
aux assemblées générales. Le cédant n'aura plus les
droits d'un actionnaire. C'est à cause de la facilité plus
grande de la négociation que la loi nouvelle prohibe
cette négociation pour les actions d'apport pendant
deux années à partir de la constitution de la société,
mais la cession étant admise doit produire tous ses effets
de droit commun.

Une question à élucider.

La constitution de gage se trouve-t-elle prohibée pour
les actions d'apport pendant le délai de deux ans?

MM. Lyon-Caen et Renault répondent affirmativement (Appendice à leur *Traité de droit commercial*).

« En effet, disent-ils, les titres de ces actions, doivent
« pendant ce temps rester à la souche. L'actionnaire ne
« pourrait donc mettre son créancier en possession de
« ces titres, et la mise en possession est une condition
« essentielle pour que la constitution de gage produise
« ses effets (art. 2076, C. civ., et art. 92, C. comm.). »

Ce raisonnement ne nous paraît pas exact. D'après
l'article 2076 la mise en possession peut être faite soit
au créancier lui-même, soit à un tiers du consentement
des parties. Or la société, personne morale distincte des
actionnaires, joue ce rôle.

Laurent (*Principes de droit civil français*, t. 28,
nᵒ 483) nous fournit une indication de jurisprudence
en notre sens. « Comment se fait la tradition d'actions
« charbonnières, se demande Laurent? Voici la difficulté

« qui s'est présentée devant la Cour de cassation de
« Belgique. Les titres des actionnaires consistaient dans
« la reconnaissance de leurs droits couchée sur les
« registres de la société où s'inscrivaient toutes les mu-
« tations notifiées à celle-ci. La remise des registres
« au créancier gagiste étant impossible, on en pouvait
« induire que le créancier gagiste ne pouvait acquérir
« de privilège sur les actions. Il y a cependant un moyen
« de saisir le créancier gagiste : D'après l'article 2076,
« la possession du gage ne doit pas nécessairement
« passer au créancier lui-même, elle peut être conférée
« à un tiers convenu entre les parties. Or, la part d'ac-
« tion du débiteur dans le charbonnage avait été donnée
« en gage par un acte authentique, acte qui contenait
« le consentement exprès du débiteur à ce qu'il fût
« signifié pour valoir tradition. La signification seule ne
« suffit pas puisque outre la signification prescrite par
« l'article 2075, l'article 2076 veut que le créancier
« soit mis en possession du gage. Mais dans l'espèce
« la société charbonnière était un tiers à l'égard du
« débiteur, comme à l'égard du créancier, et la société
« étant dépositaire du registre formant les titres du
« débiteur elle était devenue, du consentement des par-
« ties, détentrice de ce titre pour les créanciers gagistes :
« ces derniers avaient donc pris possession du gage par
« l'entremise de la société charbonnière, en lui faisant
« signifier l'acte de nantissement. La signification, dans
« ces circonstances, tenait lieu de mise en possession, et
« par conséquent il était satisfait à la disposition de
« l'article 2076 » (Cass. Belge, 26 déc. 1850, *Pasicrisie*,
1851.1.324). »

Un raisonnement absolument semblable nous amène
à admettre la possibilité de la constitution de gage des
actions d'apport. On pourrait dans le même sens argu-
menter d'un passage du discours de M. Lucien Brun,

transcrit plus haut. Il suppose un fondateur « qui
« emprunte sur ses parts (sur ses actions d'apport). »
Évidemment, par cette expression, M. Lucien Brun ne
peut viser que la constitution de gage.

Notre décision amène à une constatation d'une importance pratique considérable. On se rappelle la disposition de l'article 26 de la loi de 1867. Nous croyons que
pendant le délai de deux ans à compter de la constitution
de la société, les actions d'apport peuvent fort bien être
affectées par les administrateurs à la garantie de leurs
fonctions. Il y a là une décision par *à fortiori* de ce que
nous disions tout à l'heure. En effet, aux termes de l'article 26, le créancier gagiste c'est la société elle-même.
Elle est donc très simplement mise en possession.

Ne pourrait-on pas faire l'objection suivante :

Il est certain que le créancier gagiste d'actions d'apport ne pourra avoir plus de droits que le débiteur, c'est-
à-dire que, quant au mode de réalisation de son gage,
il sera tenu de se conformer à la disposition de la loi
qui défend pendant deux ans la négociation des actions
d'apport. D'où la situation de la société sera moins favorable à l'égard des actions d'apport données en gage qu'à
l'égard d'actions ordinaires.

Nous croyons qu'il n'y a pas là une objection sérieuse,
mais nous admettrons parfaitement que les statuts sociaux
qui fixent souverainement le nombre d'actions, que les
administrateurs doivent déposer pour la garantie de leur
gestion, pourraient déclarer que les actions ne devraient
pas être des actions d'apport.

Lorsque les actions d'apport sont ainsi déposées par
les administrateurs conformément à l'article 26 de la
loi de 1867, il se produit dans leur situation une transformation intéressante. Les actions d'apport comme
telles sont nécessairement libérées lors de la constitution
de la société et rien n'empêche de les mettre au porteur.

Au contraire, les actions déposées aux termes de l'article 26 sont nécessairement nominatives. Ensuite les actions d'apport ne sont pas négociables pendant deux ans, mais rien n'empêche de les céder par les voies civiles, tandis que les actions de l'article 26 sont inaliénables. Les actions d'apport données en gage par les administrateurs devront porter un double timbre, un aux termes de l'article 26, l'autre aux termes de notre disposition nouvelle.

Cette possibilité de mise en gage des actions d'apport soulève une difficulté annexe.

D'après la loi du 23 mai 1863, la constitution du gage commercial n'est pas soumise à des formalités plus compliquées que l'aliénation. En matière de gage nous rencontrons donc comme en matière d'aliénation des formes abrégées, l'endossement, le transfert, la tradition. Ces formes abrégées n'étant pas admises pour nos actions d'apport au moins en ce qui concerne l'aliénation pendant le délai de deux ans, vont-elles aussi être proscrites pour la constitution du gage? Nous croyons que la loi de 1863 n'a aucun caractère limitatif, que ce gage peut se constituer avec d'autres formes, et que ces formes sont celles de l'article 2075 du Code civil (points controversés). Faudra-t-il alors recourir à ces formalités de l'article 2075?

On pourrait dire, semble-t-il, que les raisons qui font prohiber la négociation des actions d'apport ne se rencontrent plus lorsqu'il s'agit d'employer les mêmes formes pour réaliser non une aliénation mais une constitution de gage.

Nous n'admettons pas cependant cette manière de voir. Nous nous appuyons d'abord sur l'article 91, alinéa 2, du Code de commerce (texte de la loi de 1863). « Le gage à l'égard des valeurs négociables, peut être « aussi établi par un endossement... » Or ici il ne s'agit pas de valeurs négociables. Lire de même l'article 91, alinéa 3. « A l'égard des actions... dont la transmission « s'opère par un transfert sur les registres de la société, « le gage peut également être établi par un transfert à « titre de garantie inscrit sur lesdits registres. » Il s'agit dans notre espèce d'actions pour lesquelles pendant deux ans il n'est pas de transfert possible. Donc...

Pour terminer le commentaire de notre disposition sur les actions d'apport, qu'arrive-t-il lorsqu'une négociation a eu lieu contrairement à la prohibition légale?

La même question se pose au sujet de l'article 2 de la loi de 1867.

Transportons-nous, d'abord, sur le terrain de l'article 2. Qu'advient-il des négociations contraires à ce texte?

Pour comprendre la discussion, il faut savoir que l'article 14 de la loi de 1867 punit d'une amende de 500 à 10,000 francs « la négociation d'actions ou de coupons « d'actions dont la valeur ou la forme serait contraire « aux dispositions des articles 1ᵉʳ, 2 et 3 de la loi de « 1867, ou pour lesquels le versement du quart n'aurait « pas été effectué conformément à l'article 2. » Tous ceux qui ont participé aux négociations irrégulières sont frappés de la même peine.

Deux opinions principales ont été soutenues, l'une qui annule sans distinction les négociations dont s'agit, l'autre qui les valide sans distinction. La jurisprudence paraît se fixer dans le sens d'une interprétation adoucie des textes et d'une opinion intermédiaire. Nous empruntons les motifs des arrêts de cassation des 3 et 27 juin 1885 (D. P. 1886, p. 1, p. 255). La Cour déclare : « Qu'à la vérité l'article 2 de la loi de 1867 ne permet « de négocier les actions ou coupons d'actions des so- « ciétés anonymes qu'après le versement du quart; — « mais que pour déterminer la portée de cet article, on

B.   10

« doit le combiner avec l'article 14 de la même loi,
« auquel il se lie étroitement puisque l'objet de ce der-
« nier article est de sanctionner par des peines correc-
« tionnelles l'inobservation des différentes règles pres-
« crites pour la constitution des sociétés; — attendu
« que cet article 14 ne punit pas seulement ceux qui
« négocieraient des actions dans des conditions con-
« traires aux prescriptions de la loi : qu'il étend l'ap-
« plication des mêmes peines à ceux qui serviraient
« d'intermédiaires à ces négociations ou qui publie-
« raient la valeur des actions ainsi négociées; — que
« pour expliquer ces sévérités multipliées, il faut néces-
« sairement admettre que l'article 14 n'entend défendre
« et punir que la négociation des titres révélant par
« eux-mêmes les causes qui doivent empêcher de les
« négocier; qu'autrement, le plus grand nombre des
« personnes atteintes par les pénalités dont il s'agit ne
« seraient pas en mesure de les éviter; qu'il n'existe,
« en effet, pour se fixer sur la négociabilité des titres
« d'une société anonyme, d'autres moyens que l'examen
« soit des titres eux-mêmes, soit des déclarations que
« les articles 55 et suivants prescrivent de porter à la
« connaissance du public; que la loi n'exige ni même
« ne permet d'autres et plus amples recherches; que,
« par conséquent, si les titres négociés sont réguliers en
« la forme, si les déclarations prescrites ont eu lieu et
« constatent l'accomplissement des conditions de fond
« requises en pareil cas, tel que le versement du quart,
« l'article 14 devient inapplicable, et, par suite, la
« négociation des actions n'étant pas défendue, ne sau-
« rait être invalidée par l'effet de découvertes ulté-
« rieures; — que la loi par la responsabilité qu'impose
« l'article 42 aux auteurs de la nullité a, d'ailleurs,
« pourvu, autant que faire se pouvait, à la réparation
« du dommage que la nullité a pu produire..... »

Dans le même sens, Orléans, 24 juillet 1890 (D. P. 1891, p. 2, p. 237). Cass., 9 novembre 1892 (D. P. 1893, p. 1, p. 73). Voir tout spécialement sous les arrêts de cassation de 1885 les conclusions de M. l'avocat général Desjardins.

Passons maintenant à la prohibition de négocier les actions d'apport contenue dans notre article 2 de la loi de 1893 modifiant l'article 3 de la loi de 1867. La question se pose ici sur un terrain tout spécial. L'article 14 de la loi de 1867 est en dehors du débat. Ce texte frappe de pénalités les négociations antérieures à la constitution de la société (art. 2, loi de 1867), et il s'agit ici de négociations postérieures à cette constitution.

Mais si les pénalités de l'article 14 ne s'appliquent pas, notre article 3 nouveau de la loi de 1867 déclare que les actions d'apport « devront, à la diligence des « administrateurs, être frappées d'un timbre indiquant « leur nature et la date de cette constitution. » Pourquoi cette mention, ce timbre si ce n'est pour renseigner les tiers. D'où de deux choses l'une; ou la mention exigée aura été apposée sur les actions d'apport, ou elle ne l'aura pas été. Dans le premier cas, la négociation sera nulle, dans le second elle sera valable.

On peut remarquer que cette décision concorde très bien avec la jurisprudence que nous avons constatée sur l'article 2 de la loi de 1867, mais est absolument indépendante de cette jurisprudence; nous croyons que même les personnes qui n'admettaient pas la nullité des négociations contraires à l'article 2 devraient reconnaître la nullité des négociations d'actions d'apport dans l'hypothèse où le timbre aurait été apposé.

La situation que la loi de 1893 fait aux actions d'apport donne un intérêt nouveau à une question fort discutée, celle de savoir quelle est la nature des parts de fondateurs. Ces parts de fondateurs doivent-elles être considérées sous un nom spécial comme des actions d'apport, ou bien, au contraire, comme un droit de créance d'une portion de bénéfices contre la société?

L'opinion d'auteurs très éminents est que la part de fondateur n'est autre chose qu'une action : Il n'y a à se préoccuper ni de cette particularité que dans le langage ordinaire et dans les statuts, ces parts portent un nom spécial et ne s'appellent pas actions; en effet, la nature d'un droit ne peut dépendre de la qualification plus ou moins exacte qu'on lui a donnée; le droit doit être étudié intrinsèquement; ni de cette particularité que les porteurs de part de fondateurs n'ont aucun droit dans le fonds social et ne peuvent prendre part aux assemblées générales. En effet, disent ces auteurs, le droit au partage du fonds social n'est pas de l'essence de l'action; il est des actions, comme les actions industrielles qui ne confèrent aucun droit sur le fonds social. Ceux à qui les parts de fondateurs sont attribuées sont exclus des assemblées générales, mais il y a bien d'autres cas où des actionnaires sont exclus des assemblées générales; souvent d'après les statuts, il n'y a que les actionnaires ayant un certain nombre de titres qui peuvent participer aux assemblées. Il n'y a, en réalité, que deux droits qui soient de l'essence de l'action; le droit de participer aux bénéfices sans lequel il n'y a pas d'associé, à plus forte raison, pas d'actionnaire. Et le droit de céder le titre, sans lequel un titre peut être un intérêt mais ne saurait être une action.

Le très distingué professeur de la faculté de droit de Paris, M. Chavegrin, ajoute (note sur cassation, 16 févr. 1887. Sirey, 1889, p. 1, p. 117) : « La première « idée qui vient à l'esprit est que, quand un individu « ayant contribué par ses démarches, souvent par ses « avances et même sous sa responsabilité, à la création

« de l'être social, stipule une partie des bénéfices, il
« n'est pas étranger à l'établissement qu'il a fait naître
« et dont il recueille dans une certaine mesure les
« profits; ce n'est pas au tiers quelconque investi d'une
« créance contre une société avec laquelle il n'aurait que
« des rapports d'obligation. Non, il se rattache à la so-
« ciété par un lien autrement étroit : il en est membre,
« autant pour le moins, que la personne qui a sous-
« crit quelques actions au guichet d'une banque. Si
« quelqu'un semble être dans l'affaire, c'est lui. Le
« titre qu'il obtient représente donc vraiment une part
« sociale, de telle sorte que s'il l'aliène, quiconque
« acquiert le titre, reçoit en l'acquérant le droit de se
« dire associé. Et comme on ne conçoit pas dans une
« société anonyme, d'autres associés que les action-
« naires, cela signifie que le porteur de part est un
« actionnaire. »

Toute cette démonstration paraît parfaitement conduite. Nous croyons cependant que dès avant la loi de
1893, on aurait pu objecter qu'il est des assemblées
générales où tous les actionnaires ont le droit de figurer
(art. 4 et 27, alin. dernier de la loi de 1867). De plus,
la loi de 1893 est venue introduire un nouvel élément
dans la question et il n'est plus possible de considérer le porteur de parts de fondateur comme un
actionnaire. Avec l'adjonction faite par la loi à l'article
27 de la loi de 1867, la participation aux assemblées
générales devient une prérogative essentielle de l'actionnaire. Il a le droit de figurer à l'assemblée générale
au moins de la façon syndiquée que nous avons indiquée *supra*. Le porteur de la part de fondateur ne
figure aucunement aux assemblées générales. Donc,
(cette décision aura des conséquences pratiques re-
grettables, mais elle nous paraît forcée,) le porteur
de la part de fondateur n'est qu'un créancier et la

prohibition de négocier les actions d'apport contenue dans l'article 2 de la loi de 1893, ne saurait s'appliquer aux parts de fondateurs.

M. Houpin (*Journal des sociétés*, avril 1894) émet une opinion intermédiaire. Pour lui, le porteur de parts de fondateur n'est ni un actionnaire, ni un simple créancier de bénéfices; c'est un associé.

Que faut-il penser de cette opinion?

La difficulté se réduit à ces termes : les qualités d'associé et d'actionnaire sont-elles nécessairement confondues? Dans la société en commandite par actions il y a des associés, les commandités, qui ne sont pas des actionnaires. Mais en dehors des commandités et des actionnaires peut-il y avoir une troisième catégorie d'associés? Dans la société anonyme, la situation est encore plus simple. Y a-t-il des associés en dehors des actionnaires?

Nous n'admettons pas la thèse de M. Houpin.

Voici nos arguments :

Article 23 du Code de commerce : « La société en « commandite se contracte entre un ou plusieurs asso-« ciés, responsables et solidaires, et un ou plusieurs « associés, simples bailleurs de fonds, que l'on nomme « commanditaires ou associés en commandite. »

Donc dans la société en commandite, d'une façon générale, il n'existe que deux catégories d'associés, les commandités et les commanditaires.

L'article 38 du même Code déclare : « Le capital des « sociétés en commandite pourra aussi être divisé en « actions, sans aucune dérogation aux règles établies « pour ce genre de société. »

Nécessairement, d'après ce texte, les actionnaires dans la commandite par actions viennent se confondre avec l'une des catégories d'associés rencontrées précédemment, les commandités ou les commanditaires. Évidemment les actionnaires s'absorbent dans les commanditaires. La preuve, s'il en était besoin, en est dans l'article 43 du Code de commerce : « L'extrait doit « contenir : les noms, prénoms, qualités et demeures « des associés autres que les actionnaires ou comman-« ditaires. »

En définitive, il résulte de ces textes que le législateur, dans la commandite par actions, ne connaît que deux catégories d'associés, les commandités d'une part, les actionnaires de l'autre.

Une démonstration du même genre pourrait être faite pour la société anonyme.

Prenons l'article 22 de la loi de 1867 : « Les sociétés « anonymes sont administrées par un ou plusieurs man-« dataires à temps, révocables, salariés ou gratuits, pris « parmi les associés. »

L'article 26 nous apprend : « Les administrateurs « doivent être propriétaires d'un nombre d'actions dé-« terminé par les statuts. »

Comment comprendre ces deux textes, si ce n'est que, dans la pensée des rédacteurs de la loi de 1867, associés et actionnaires sont les mêmes et identiques personnages?

Peut-être trouverait-on encore, soit dans le Code de commerce, soit dans la loi de 1867, d'autres textes à produire dans le même sens. Mais ceux-là nous paraissent suffisants.

Il n'est pas jusqu'à la loi de 1893 qui, dans ses travaux préparatoires, ne soit favorable à notre manière de voir.

M. Clausel de Coussergues, dans son rapport à la Chambre des députés, nous explique pourquoi il propose de permettre aux actionnaires de se syndiquer pour figurer aux assemblées générales (art. 4 de la loi

nouvelle. « Nous avons adopté sans hésitation la mo-
« dification proposée par M. Graux. Nous y trouvons
« comme lui l'avantage de régler, d'une manière plus
« conforme au principe de l'égalité des droits *entre*
« *associés*, la participation des *actionnaires* à l'adminis-
« tration et à la surveillance de la société. » Dans la
pensée de M. Clausel de Coussergues et dans la pensée
du législateur de 1893, dans une société anonyme les
qualités d'associé et d'actionnaire sont donc insépa-
rables. S'il en était différemment, le législateur de
1893 aurait organisé la représentation des associés non-
actionnaires aux assemblées générales « conformément
« au principe de l'égalité des droits entre associés. »

Notre démonstration nous paraît donc complète.

Nous reconnaissons du reste volontiers, avec M. Houpin, les inconvénients pratiques de notre système. Au
législateur d'aviser.

Nous avons étudié, à propos des droits individuels
des actionnaires, une première question : les actions
sont-elles toujours transmissibles? Passons à un second
point.

b) *Quels sont les effets de la transmission des actions?*

Voici la question exacte que nous entendons étudier
sous cette rubrique. En supposant que des actions aient
été transmises avant leur entière libération, à qui les
versements complémentaires peuvent-ils être réclamés?
Nous n'avons pas besoin de dire que d'après l'opinion la
plus accréditée, ces versements peuvent être réclamés
et par la société représentée par ses gérants ou administrateurs, et par les créanciers sociaux, agissant par voie
d'action directe, et non seulement conformément à l'article 1166 du Code civil. Mais à qui peuvent-ils être
réclamés?

La question peut se poser pour le souscripteur primitif, pour le porteur ou détenteur actuel de l'action, et (s'il y a eu plus d'une transmission) pour les cessionnaires intermédiaires.

Il est évident qu'il existe un grand lien entre la difficulté que nous allons examiner et la question déjà traitée de la forme des actions : en effet, si les actions peuvent être mises au porteur *ab initio* avant leur libération, le souscripteur primitif sera connu, mais les cessionnaires intermédiaires et le porteur actuel ne le seront pas : les transmissions de titres au porteur, en effet, ne laissent pas de traces. Les actions restent-elles, au contraire, nominatives jusqu'à leur entière libération, on connaît les noms des titulaires successifs, puisqu'ils sont inscrits sur les registres de la société. On conçoit alors la réaction nécessaire d'une des questions sur l'autre. Nous ne serons donc pas étonnés de constater les quatre changements de législation que nous avons rencontrés à propos de la forme des actions : le système du Code de commerce ; le système de la loi de 1856 ; le système de la loi de 1867 ; enfin le système de la loi de 1893.

1. Système du Code de commerce.

D'après le Code de commerce, les actions peuvent être *ab initio* au porteur et sans aucune condition. D'où difficulté de fait pour connaître, non le souscripteur primitif (il est toujours connu), mais le porteur actuel et les cessionnaires intermédiaires.

Laissant de côté la difficulté de fait, voyons qui était tenu des versements complémentaires sous le système du Code de commerce.

Quid, d'abord du souscripteur primitif ?

Dans notre Code de commerce, il n'y avait aucune décision à ce sujet, d'où il fallait se référer aux principes généraux. Seulement, on n'était pas d'accord sur ces principes généraux, et on compte jusqu'à trois théories. Certains auteurs déclaraient que par la cession, le souscripteur primitif ne pouvait pas se dégager de son obligation de compléter les versements. Il est, en effet, de principe, qu'un débiteur ne peut se substituer quelqu'un dans son obligation, sans le consentement du créancier. — D'autres auteurs admettaient une distinction. Lorsque le titre avait la forme au porteur, la cession ne libérait pas le souscripteur; mais lorsque le titre était nominatif, alors la cession libérait le souscripteur, parce que, en laissant faire le transfert, la société avait accepté pour débiteur le nouveau titulaire. — Une autre opinion allait plus loin; elle déclarait que la cession, quelle que fût la forme du titre, libérait le souscripteur. Les souscripteurs, en adhérant à la division du capital en actions, devaient être considérés comme ayant admis d'avance que chacun d'eux peut se substituer une autre personne dans ses obligations, aussi bien que dans ses droits.

Nous croyons que de tous ces systèmes, le premier était le meilleur, les deux autres, qui peuvent s'inspirer de nécessités pratiques, nous paraissent contraires au principe de l'article 1273 du Code civil, d'après lequel la novation ne se présume pas, et doit clairement résulter de l'acte.

Quant aux cessionnaires, on admettait qu'ils n'étaient tenus des versements que comme détenteurs du titre. D'où le porteur actuel seul était tenu; les cessionnaires intermédiaires ne l'étaient pas.

II. *Système de la loi de 1856* (reproduit par la loi de 1863 sur les sociétés à responsabilité limitée).

La loi de 1856 fut une loi de réaction, les actions durent rester nominatives jusqu'à la libération intégrale; connaissant les titulaires successifs des actions, rien n'était plus facile que de diriger l'action en complément des versements.

La loi décidait, en ce qui concerne le souscripteur primitif, qu'il restait tenu des versements nonobstant toute cession; évidemment le porteur actuel était tenu. Par un singulier oubli, la loi était muette en ce qui touche les cessionnaires intermédiaires, et la jurisprudence les considérait comme libérés. Logiquement il semble qu'on aurait dû les considérer tous comme tenus.

III. *Système de la loi de 1867.*

La loi de 1867 adoucit la loi de 1856; les actions ne peuvent être mises au porteur *ab initio;* mais il n'est pas besoin d'attendre la libération intégrale. La loi de 1867 en ce qui concerne la forme des actions est donc une transaction entre le système du Code de commerce et le système de la loi de 1856. En ce qui concerne la responsabilité des versements, ne devons-nous pas constater une semblable transaction? Voici à quels résultats nous arriverions. De deux choses l'une : ou les actions ne sont pas converties en actions au porteur par un vote de l'assemblée générale des actionnaires: alors comme on ne profite pas des facilités de la loi de 1867, on se trouve sous l'application de la loi de 1856; ou bien la conversion est votée et alors n'y a-t-il pas lieu d'appliquer les règles de la loi de 1856 pour le souscripteur primitif et les cessionnaires antérieurs à la conversion et le système du Code de commerce pour les cessionnaires postérieurs et le porteur actuel?

Serrons la question de plus près et dans les différentes hypothèses, et voyons si ces propositions et déductions sont exactes.

Première hypothèse. — La conversion n'a pas été votée, soit que les conditions requises ne soient pas remplies, soit que l'assemblée générale des actionnaires ait refusé la conversion.

Dans cette hypothèse-là, pour nous le système de la loi de 1856 devrait s'appliquer. Et en effet il s'applique. Non seulement le souscripteur et les porteurs actuels sont tenus, mais aussi les cessionnaires intermédiaires. En 1856, la loi étant muette sur les cessionnaires intermédiaires, la jurisprudence cependant les considérait comme libérés.

Cette responsabilité du souscripteur primitif des cessionnaires intermédiaires et du porteur actuel, résulte *a contrario* de l'article 3 de la loi de 1867.

La responsabilité de ces différentes personnes est solidaire. Ne peut-elle pas cesser par la prescription?

Il est d'abord un point controversé, mais nous nous contentons de l'indiquer. Il est certain que pendant la durée de la société la seule prescription possible est la prescription de trente ans, mais après la dissolution, faut-il admettre dans les sociétés par actions la prescription quinquennale de l'article 64 du Code de commerce. La jurisprudence est dans ce dernier sens.

Sans insister sur ce point, n'y a-t-il pas un article du Code civil, l'article 2257, qui empêche les actionnaires de se prévaloir à l'égard des versements d'aucune prescription?

Pour certains auteurs (c'est même l'opinion générale) les actionnaires ne pourraient invoquer aucune prescription tant que l'appel de fonds n'a pas eu lieu, parce que à l'égard d'une dette à terme, la prescription ne court pas, tant que le terme n'est pas arrivé (art. 2257, C. civ.).

Nous admettons un autre système qui repose sur une distinction. Ou bien les versements sont échelonnés et leur époque fixée par les statuts. Dans ce cas, l'article 2257 s'appliquera à la lettre; mais si l'époque des versements n'est pas fixée par les statuts, si l'appel de fonds peut être fait à un moment quelconque, alors l'article 2257 ne s'applique pas; la dette des versements n'est pas à terme; elle est pure et simple. Il dépend de la société de faire un appel de fonds; de ce que le créancier n'agit pas (c'est le cas de la société), il ne s'ensuit pas qu'on ne puisse prescrire contre lui.

Évidemment, il y aura lieu de réserver l'effet des événements interruptifs de prescription, réception de dividendes, participation aux assemblées générales d'actionnaires, de telle sorte que les personnes restées dans la société ne pourront pas se prévaloir de la prescription. Mais pour les autres débiteurs, il est bon de constater la possibilité de cette prescription.

Deuxième hypothèse. — La conversion des actions nominatives en actions au porteur a été votée par l'assemblée générale des actionnaires.

Ici, il faut faire pour la clarté de notre exposition une sous-distinction. Ou bien tous les actionnaires ont usé du droit de conversion, ou ils n'en ont pas usé tous.

Prenons le premier cas : la conversion votée, tous les actionnaires ont usé de la faculté de conversion. Nous disions tout à l'heure que la loi de 1867 étant une loi de transaction, il devait y avoir combinaison, pour les cessionnaires ultérieurs au vote de la conversion et le détenteur actuel, du système du Code de commerce, et, pour les cessionnaires antérieurs et le souscripteur primitif de la loi de 1856.

Pour les cessionnaires ultérieurs, application certaine du système du Code de commerce, c'est-à-dire irresponsabilité. Pour le détenteur actuel du titre, *quid?* Sur ce point, il y a une difficulté que nous rencontrerons mieux tout à l'heure.

Pour le souscripteur primitif et les cessionnaires antérieurs, fallait-il les laisser sous le coup de la loi de 1856? Nos déductions étaient en ce sens, mais alors la loi aurait été injuste. Pourquoi traiter des souscripteurs et des cessionnaires antérieurs différemment des cessionnaires postérieurs. L'équité n'exigeait-elle pas une assimilation des uns et des autres? Le législateur de 1867 l'a pensé, mais il craint que l'assimilation complète n'expose à un danger. Il prend alors un moyen terme : il ne les libère pas de suite, il ne les assimile pas immédiatement aux cessionnaires intermédiaires postérieurs au vote de l'assemblée générale ; d'un autre côté, il ne les laisse pas pour toujours sous l'application de la loi de 1856. Il les laisse pendant deux ans à compter de la délibération de l'assemblée générale sous le coup de leur ancienne responsabilité.

Les dangers qu'aurait présentés la libération immédiate du souscripteur primitif et des cessionnaires antérieurs au vote de l'assemblée générale étaient évidents : Soit un souscripteur primitif encore porteur de l'action, lors de l'assemblée générale. Ne va-t-il pas voter la conversion à la légère uniquement pour être libéré par l'effet de ce vote de l'obligation des versements ultérieurs? Soit un cessionnaire porteur du titre au même moment : le même vote à la légère ou intéressé n'est-il pas à craindre? Soit un souscripteur qui a aliéné son titre avant le vote. Le même danger n'est pas à craindre, puisqu'il ne vote pas; mais alors ne peut-on pas craindre les cessions de complaisance et qu'on nous passe l'expression, les hommes de paille? Soit un cessionnaire du titre qui l'aurait cédé lui-même avant le vote de l'assemblée générale autorisant la conversion ; même danger des hommes de paille.

Nous disions tout à l'heure (d'où une sous-distinction) que bien qu'il y ait un vote de l'assemblée générale autorisant la conversion, il se pouvait que tous les actionnaires n'aient pas usé de la facilité que leur donnait le vote de l'assemblée. Les actionnaires ne sont jamais obligés de convertir leurs actions nominatives en actions au porteur, la forme nominative présente en effet des avantages, soit en cas de perte du titre, soit au point de vue de l'impôt. On voit communément dans une même société des titres nominatifs et des titres au porteur.

Quid alors dans ce cas? La situation pour nous est la même que dans l'espèce où tous les actionnaires auraient usé de la conversion. La situation doit être égale pour tous; pour tous doit être identique. C'est ce qui résulte pour nous de ces mots de l'article 3 de la loi de 1867, « soit que les actions restent nominatives après « cette délibération, soit qu'elles aient été converties en « actions au porteur..., » c'était du reste la seule solution logique.

Jusqu'à présent, nous n'avons pas lu l'article 3 de la loi de 1867; indiquons maintenant après l'avoir transcrit, les observations qu'il faut faire sur ce texte.

Article 3 (de la loi de 1867). « Soit que les actions « restent nominatives après cette délibération, soit « qu'elles aient été converties en actions au porteur, « les souscripteurs primitifs qui ont aliéné leurs actions « et ceux auxquels ils les ont cédées avant le versement « de moitié, restent tenus au paiement du montant de « leurs actions pendant un délai de deux ans à partir « de la délibération de l'assemblée générale. »

L'article 3 nous déclare: tenus pendant deux ans les souscripteurs « qui ont aliéné leurs actions. » Il semble alors qu'il faille dire que les souscripteurs qui n'ont pas aliéné leurs actions ne sont pas visés. Mais c'est illogique. Il faut lire : même les souscripteurs qui ont aliéné leurs actions restent tenus pendant deux ans.

Si on n'admet pas cette rectification on arrive à déclarer ou que le souscripteur qui n'a pas cédé ses actions au moment du vote de l'assemblée générale est immédiatement libéré, ce qui est contraire au but du législateur (V. *suprà*), ou qu'il n'est jamais libéré ce qui est contraire à l'équité et à la volonté du législateur (V. *suprà*).

L'article 3 distingue suivant que l'aliénation a eu lieu avant ou après le versement de moitié, nous substituons sans hésitation à ces expressions « versement de « moitié » les mots « délibération de l'assemblée géné- « rale autorisant la conversion, » le législateur a confondu le versement de moitié avec la délibération de l'assemblée générale qui ne peut avoir lieu qu'après et comme conséquence de ce versement de moitié comme ailleurs (art. 2), à propos de la négociation des actions il a confondu le versement du quart et la constitution définitive de la société qui présuppose ce versement.

Notre rectification s'impose ; sans elle, il faut admettre que la personne qui aurait acquis l'action entre le versement de moitié et la délibération de l'assemblée générale ne serait pas visée par l'article 3, ce qui serait absolument contraire à la pensée du législateur. En effet, on ne peut ni la tenir indéfiniment de l'obligation des versements, ni la libérer immédiatement de son obligation dès le vote de l'assemblée générale ; n'est-ce pas elle qui va voter à l'assemblée générale sur la conversion proposée ?

Jusqu'à présent nous avons laissé de côté un point controversé : le porteur actuel du titre est-il responsable des versements non encore appelés ? La question se pose avec intérêt surtout dans l'hypothèse où un actionnaire n'a pas usé de la faculté de conversion votée par l'assemblée générale, dans l'hypothèse donc où le titre est resté nominatif, car dans l'hypothèse d'un titre au porteur en fait le titulaire actuel ne se fera pas connaître.

Cette question est des plus discutées et la doctrine presqu'entière est en opposition avec la jurisprudence.

Pour la jurisprudence, le porteur actuel est toujours tenu de compléter les versements. En principe, l'associé est personnellement tenu de verser sa mise (art. 1845, C. civ.). La seule question sur laquelle on ait varié sous le système du Code de commerce et le système de la loi de 1856, c'est le point de savoir si en cas de cession du titre le cessionnaire viendrait dans l'obligation aux versements s'adjoindre ou se substituer au cédant. Mais on ne se demandait pas si le porteur actuel du titre était obligé; il était toujours tenu. La loi de 1867 est venue innover. Elle constitue une combinaison des deux systèmes antérieurs; mais pourquoi aurait-elle innové sur un point qui n'avait jamais été mis en doute. Pourquoi aurait-elle décidé qu'à partir d'une certaine époque il n'y aurait plus d'obligation personnelle pesant sur quiconque de compléter les versements, que le titre seul serait obligé. La loi de 1867 ne dit rien de semblable. Elle a simplement voulu limiter la durée de l'obligation des anciens actionnaires, devenus étrangers à la société.

La doctrine est d'un avis opposé et voici son argumentation. La pensée de la loi est que les actionnaires soient traités de la même façon qu'ils aient usé ou n'aient pas usé de la faculté de convertir leurs actions en exécution de la décision de l'assemblée générale. Or dans l'opinion de la jurisprudence il y a une grande différence de situation entre l'actionnaire détenteur d'un titre au porteur et l'actionnaire détenteur d'un titre nominatif; l'actionnaire détenteur d'un titre nominatif sera connu et dans l'opinion de la jurisprudence personnellement tenu de compléter les versements; le titulaire d'une action au porteur sera inconnu et échappera à l'obligation des versements. Cette différence de situation est contraire à la volonté du législateur.

Nous sommes de l'avis de la jurisprudence et voici la réponse fort simple que nous faisons à l'argumentation de la doctrine. Il ne faut pas confondre le droit et le fait, le législateur ne veut pas qu'il y ait de différence entre le titre nominatif et le titre au porteur en ce qui concerne l'obligation du détenteur actuel d'exécuter les versements; mais en droit il n'y aura aucune différence; le titulaire du titre au porteur sera tenu comme l'autre; qu'à cause de la forme de son titre il ne puisse pas être connu, c'est là une question absolument différente, c'est un point de fait qu'il ne faut pas confondre avec le point de droit.

Nous ne méconnaissons du reste pas que notre opinion donne naissance à des questions fort graves et délicates que la théorie communément adoptée par les auteurs supprime absolument dans les deux grandes hypothèses étudiées à propos de la loi de 1867.

D'après les développements précédents plusieurs personnes peuvent se trouver débitrices solidaires de versements. Mais évidemment le débiteur actionné a un recours dans certains cas. Pour savoir si ce recours existe il faut appliquer la règle : *ubi emolumentum, ibi onus esse debet*. C'est seulement dans l'espèce où les versements sont faits par le porteur actuel du titre qu'il n'y a pas lieu à recours. Dans le cas contraire, il peut y avoir toute une série de recours successifs, de cédant à cessionnaire jusqu'à ce qu'on arrive au porteur du titre. Ces recours se fondent sur cette idée que le cédant n'a pas entendu faire un marché de dupe, qu'il n'a pas entendu céder ses droits sans les obligations corrélatives, qu'en fait les actions non libérées se vendent en faisant déduction sur le prix des versements non

encore appelés, qu'ainsi le cessionnaire a contracté à
l'égard de ces versements une obligation de garantie
vis-à-vis de son cédant; du reste, le débiteur solidaire
qui paie n'a-t-il pas le bénéfice de la subrogation légale?
(art. 1251-3°, C. civ.).

Dans l'hypothèse où la conversion des actions nominatives en actions au porteur n'a pas été votée, l'exercice
de ces recours ne présente pas de difficulté.

Mais il en est différemment dans le cas d'application
de l'article 3 de la loi de 1867. La difficulté vient de ce
que, d'une part le souscripteur primitif et les cessionnaires antérieurs au vote de l'assemblée générale sont
tenus de l'obligation de compléter les versements pendant deux ans à compter de cette assemblée générale,
et de l'autre les cessionnaires postérieurs à ce vote sont
libérés dès qu'ils ont eux-mêmes cédé leurs titres. On
peut alors se demander si le recours est soumis à ces
mêmes règles ou bien si le recours ne peut pas s'exercer
d'après des principes indépendants; si on ne pourrait
pas dire que l'article 3 règle les rapports des débiteurs
de versements avec les créanciers de versements (notamment la société) mais non les relations des cessionnaires
et des cédants; si les recours ne doivent pas se régler
uniquement d'après les principes de la vente et de la
garantie? Un exemple pour faire comprendre notre
pensée. Soit un souscripteur; postérieurement au vote
de l'assemblée générale il cède son action non libérée
et son cessionnaire lui même la cède. Par hypothèse on
est encore dans le délai de deux ans où le souscripteur
primitif peut être actionné en versement; il l'est et paie.
Il a certainement recours contre le porteur actuel. Mais
a-t-il recours contre son cessionnaire direct? Celui-ci
peut-il dire que libéré par la cession qu'il a consentie de
l'obligation aux versements, il est également libéré de
tout recours par rapport à ces versements, ou bien le

cédant peut-il dire : je n'admets pas l'application de
l'article 3 de la loi de 1867. Entre nous la question du
recours se règle, abstraction faite de ce texte, par les
simples principes de la vente et de la garantie?

La jurisprudence n'admet pas ce raisonnement. L'article 3 pour elle, sous peine de manquer son but, règle
non seulement la question de l'obligation aux versements, mais la question des recours. Dès qu'un actionnaire n'est plus tenu envers la société ni envers les
créanciers sociaux, il ne peut plus être exposé à des
recours de la part d'actionnaires précédents. Le recours
n'existera alors que contre le porteur actuel du titre.
La jurisprudence admet bien que la cession d'actions
non libérées engendre à l'égard de l'acheteur ou cessionnaire l'obligation de rembourser au vendeur les
sommes qu'il a dû verser. Mais la garantie n'est pas de
l'essence, elle est seulement de la nature de la vente.
Le garanti peut donc y renoncer. Et dans l'idée de la
jurisprudence, la forme au porteur donnée aux actions
implique qu'il y a eu renonciation à ce recours. En
d'autres termes, on est sous l'application de l'article 3
de la loi de 1867, le vendeur est censé renoncer à sa
garantie pour le cas où l'acheteur céderait à son tour
son titre. Les idées du commerce sont en faveur de cette
solution.

Abordons maintenant le système de la loi nouvelle.
Il ne pouvait être bien compris, surtout dans sa disposition transitoire, sans connaître les précédents.

IV. *Système de la loi de 1893.* — Les actions doivent
rester nominatives jusqu'à leur entière libération. C'est
le système de la loi de 1856. On doit donc, quant à la
question des versements, revenir aussi à ce système,
c'est ce que fait la loi de 1893, mais avec une atténuation marquée.

L'article 2 de la loi de 1893 porte :

Art. 2. « L'article 3 (de la loi de 1867) est modifié
« comme suit . ... les titulaires, les cessionnaires inter-
« médiaires et les souscripteurs sont tenus solidairement
« du montant de l'action (reproduction du système de
« la loi de 1856). Tout souscripteur ou actionnaire qui a
« cédé son titre cesse, deux ans après la cession, d'être
« responsable des versements non encore appelés (atté-
« nuation au système de 1856). »

Comment expliquer cette innovation ?

L'article étant emprunté au projet voté par le Sénat
en 1884, il n'est pas étonnant que nous citions le rapport
fait par M. Bozérian à cette date :

« En droit strict, — disait M. Bozérian devant le Sé-
« nat, — il est certain que le souscripteur qui s'est
« obligé directement vis-à-vis de la société et le cession-
« naire, qui par suite de la cession est soumis à la
« même obligation que son cédant, devraient être tenus
» du paiement jusqu'à la libération complète de l'ac-
« tion; mais de graves considérations s'opposent à cette
« application rigoureuse du droit. D'une part, dans
« bien des circonstances, spécialement lorsque le capi-
« tal social a le caractère d'un capital de garantie, ce
« qui a lieu dans un grand nombre de sociétés d'assu-
« rances, les appels de fonds sont rares et il arrive sou-
« vent que les actions ne sont jamais libérées entière-
« ment : conviendrait-il, dans ce cas, de soumettre
« indéfiniment à la responsabilité éventuelle du verse-
« ment les souscripteurs, les cessionnaires, leurs héri-
« tiers ou successeurs? D'autre part, lorsqu'une per-
« sonne consent à devenir actionnaire d'une société
« anonyme, son consentement a pu être déterminé par
« la confiance que lui inspirait en ce moment la com-

« position du conseil d'administration. Or, dans les
« sociétés anonymes, les administrateurs sont toujours
« révocables, ils sont à la merci de l'assemblée générale ;
« or, lorsque par un coup de majorité, le conseil se
« trouve brusquement modifié, serait-il juste de retenir
« dans des liens aussi étroits celui qui, ayant perdu con-
« fiance, désire se dégager de ses liens? »

« A ces raisons, dit M. Jacquand (*Examen critique
« sur le projet de loi sur les sociétés par actions*, 1886),
« on en pourrait ajouter une autre non moins déter-
« minante. L'actionnaire qui a vendu son titre renonce
« aux chances heureuses dont la société bénéficiera
« dans l'avenir ; il perd le droit d'assister aux délibéra-
« tions de l'assemblée générale, d'y combattre les me-
« sures malencontreuses qui pourront être proposées et
« d'y contrôler la marche des affaires sociales : ce serait
« tellement rigoureux de l'exposer néanmoins à tous les
« risques de l'entreprise qu'aucun homme sérieux et
« prévoyant ne consentirait à devenir actionnaire dans
« de pareilles conditions et à faire un marché de dupe. »

Tout le monde était d'accord sur cette innovation. Il
n'y eut de contestations que sur la durée de la prescription. Tel aurait voulu une prescription de cinq ans,
inspirée de l'article 64 du Code de commerce; tel autre
une prescription de trois ans. La prescription de deux
ans a été admise, tout simplement parce que l'article 3
(ancien texte) contenait, quoique dans des conditions
différentes, l'indication d'un délai semblable de deux
ans.

En définitive, d'après la loi de 1893, le souscripteur
primitif, les cessionnaires intermédiaires, le porteur
actuel sont tous tenus solidairement des versements à
effectuer. C'est le système de la loi de 1856 (avec une
petite différence pour les cessionnaires intermédiaires,

voir *suprà*). Mais chaque responsable se trouve libéré lorsqu'il s'est écoulé deux ans depuis la cession par lui consentie.

Une petite rectification au texte. Il ne faut pas prendre à la lettre le mot cession contenu dans l'article 3 nouveau de la loi de 1867. Il s'agit dans l'espèce de textes nominatifs qui se transmettent par la formalité du transfert. La cession n'existe, à l'égard des tiers, que par le transfert. Le délai de deux ans, dont s'agit, ne courra donc à l'égard des tiers, c'est-à-dire de la société ou des créanciers sociaux qui sont des tiers, qu'à partir du transfert.

Sur la prescription dont s'agit, faut-il réserver l'application de l'article 2257 du Code civil? Supposons que les statuts fixent l'époque des versements successifs, la prescription de deux ans courra-t-elle du jour de la cession, bien que l'époque des versements ne soit pas encore arrivée?

Nous sommes pour l'application de l'article 2257. Voici nos arguments.

D'une part, il s'agit d'une prescription et, à moins que le législateur n'ait dérogé aux règles générales en matière de prescription, il faut appliquer ces règles.

Objecte-t-on que le législateur a manifesté sa volonté, qu'il déclare que le cédant est libéré par deux ans à partir de la cession; nous répondrons que le législateur dans une disposition transitoire a réservé expressément l'application de l'article 2257.

Le but que s'est tracé le législateur ne sera pas manqué. En effet, d'une part, nous croyons que lorsque les époques de versements ne sont pas fixées par les statuts, l'article 2257 ne s'applique pas (voir *suprà*); de l'autre, lorsque les statuts fixent les époques de versements complémentaires, ces époques sont toujours voisines de la constitution de la société.

Plusieurs personnes, aux termes de notre disposition nouvelle, étant tenues solidairement des versements complémentaires, la question de recours se présente nécessairement.

On conçoit alors qu'on se demande si le nouvel article 3 de la loi de 1893 règle la question des recours. C'est une difficulté du même genre que celle que nous avons étudiée sur l'ancien article 3.

Nous appliquons, d'une façon générale, la prescription de deux ans. Le but de la loi serait manqué, s'il en était différemment; de plus, l'article nous dit d'une façon absolue : « le souscripteur ou actionnaire qui a « cédé son titre, cesse deux ans après la cession d'être « *responsable* des versements non encore appelés, » à l'égard de tout le monde, de la société et des créanciers sociaux (action en versement) et de son cédant (recours).

Un auteur estimé déclare : « Il n'y a pas lieu d'appli- « quer ici la disposition de l'article 2257 du Code civil « d'après laquelle l'action en garantie ne se prescrit « que du jour de l'éviction, c'est-à-dire du fait qui y « donne naissance, ce qui conduirait à ne faire courir « le délai de deux ans à l'égard de chaque cessionnaire « (il faut dire cédant) que du jour où il a été lui-même « actionné » (Lyon-Caen et Renault).

Nous croyons, ici encore, qu'il faut maintenir l'application de l'article 2257 et nous n'avons qu'à reproduire les raisonnements et arguments que nous faisions tout à l'heure à propos de l'action en versement.

Qu'on nous permette de faire un exemple pour faire comprendre notre pensée. Primus, souscripteur primitif, cède son titre à Secundus le 31 janvier 1896. Secundus cède son action à Tertius le 31 janvier 1897. Primus, souscripteur primitif, ne peut être attaqué en versement que jusqu'au 31 janvier 1898. Supposons qu'il le soit ce jour-là. Si on ne tient pas compte de l'article 2257, on dira que Primus ne pourra exercer son recours contre Secundus que jusqu'au 31 janvier 1899, tandis qu'avec l'application de l'article 2257, il aura jusqu'au 31 janvier 1900.

Notre loi de 1893 contient une disposition transitoire, intéressante au point de vue qui nous occupe :

Art. 7. « ..... Quant aux actions nominatives des « mêmes sociétés (c'est-à-dire des sociétés par actions « en commandite ou anonymes déjà existantes, sans « distinction entre celles antérieures à la loi du 24 juil-« let 1867 et celles postérieures), les deux ans après « lesquels tout souscripteur ou actionnaire qui a cédé « son titre, cesse d'être responsable des versements non « appelés, ne courront à l'égard des créanciers anté-« rieurs à la présente loi, qu'à partir de l'entrée en « vigueur de la loi, et sauf application de l'article 2257 « du Code civil, pour les créances conditionnelles ou à « terme, et les actions en garantie. »

La pensée du texte est fort simple. La disposition de la loi nouvelle sur la prescription de deux ans s'appuie sur des considérations telles, qu'elle doit avoir effet rétroactif. Mais, dans certains cas, cette rétroactivité pourrait être injuste. D'où on la mitige par une restriction. A l'égard des créanciers antérieurs à la présente loi, la prescription de deux ans ne courra au plus tôt que du jour de la promulgation de la loi. Nous avons ici une disposition du même genre que d'autres que nous avons déjà étudiée (V. art. 7, al. 4 et 5, et art. 3, al. dernier de la loi de 1893).

Mais si la pensée de la loi est claire, l'article contient des expressions dont le sens a besoin d'être précisé.

Qu'entend-on tout d'abord par créanciers antérieurs à la présente loi ?

Rappelons nos souvenirs. Peuvent agir en versements la société d'abord, représentée par ses gérants ou administrateurs, et les créanciers sociaux (qui pour nous ont une action directe — point controversé).

Prenons d'abord la société. Évidemment, c'est par essence un créancier antérieur à la présente loi, dans l'hypothèse où nous nous plaçons. Il est juste qu'à son égard la prescription de deux ans ne commence qu'à partir de la promulgation de la loi. Sans cela, elle serait exposée à être surprise par une prescription à laquelle elle ne pouvait s'attendre.

L'article établit une autre précision. « sauf application « lion de l'article 2257 du Code civil pour les créances « conditionnelles ou à terme, et les actions en garantie. » Si on suppose donc que la dette des versements est à terme, et que ce terme ne doive arriver que postérieurement à la promulgation de la loi, alors la prescription de deux ans ne pourra courir que du jour de l'échéance. Si la dette des versements n'est pas à terme, alors la prescription courra du jour de la promulgation de la loi.

Nous nous sommes appuyés sur notre disposition transitoire pour déclarer que l'article 2257 du Code civil s'appliquait à notre prescription de deux ans; la prescription visée par la disposition transitoire, c'est toujours la même prescription, seulement reculée en ce qui concerne son point de départ *æquitatis causa*.

Ne doit-on pas dire que par ces expressions « créan- « ciers antérieurs à la présente loi, » « sauf application « de l'article 2257 du Code civil pour les créances condi- « tionnelles ou à terme, » la loi fait allusion aux actions pour versements intentées non seulement par la société, mais par les créanciers sociaux? Pour les créanciers sociaux on pourrait, en effet, distinguer entre les créanciers antérieurs et les créanciers postérieurs à la loi, tandis que la disposition transitoire se place nécessairement dans le cas de société antérieure à la loi de 1893. — Ensuite, lorsqu'il s'agit de la société, la créance de la société contre les actionnaires peut être à terme, mais n'est jamais conditionnelle, tandis que les créanciers sociaux peuvent avoir des créances conditionnelles contre la société. En supposant l'action intentée par des créanciers sociaux, on pourrait donner raison de la réserve faite par la loi de l'article 2257 du Code civil, en ce qui concerne les créances conditionnelles. Enfin, les créanciers sociaux ont contre les actionnaires une action directe, et non pas seulement l'action oblique de l'article 1166. En d'autres termes, à l'égard des créanciers sociaux antérieurs à la loi nouvelle, la prescription de deux ans des versements ne courrait que du jour de l'arrivée du terme ou de la condition de leur créance contre la société.

Ce système nous paraît inacceptable, voici pourquoi. Quand on compare l'action directe que possèdent les créanciers sociaux avec l'action de l'article 1166, on dit quelquefois que dans l'action directe, ils n'ont pas à craindre les exceptions qu'on pourrait leur opposer dans l'action oblique. Mais comme le dit un auteur estimé (Boistel, *Cours de droit commercial*), « Cette « formule a besoin de nombreuses restrictions. » « ... Si « l'actionnaire a payé aux gérants l'apport promis, il « est certain qu'il ne doit plus rien ; cette défense du « commanditaire opposable à la société, est également « opposable aux créanciers, même agissant par action « directe. Il faut en dire également des modes de libé- « ration du commanditaire qui peuvent être regardés « comme équivalant à un paiement réel. » Faudrait-il en dire différemment de la prescription ? Les créanciers sociaux pourraient-ils poursuivre l'actionnaire en versement à un moment où ce dernier vis-à-vis de la société est protégé par la prescription?

A un autre point de vue, quelle est la raison d'être de l'article 2257? Ce texte est une application du brocard « *actioni non natæ non præscribitur.* » L'imprescriptibilité ne peut donc dépendre que des caractères de la dette de l'actionnaire envers la société, et non des caractères de la créance des créanciers sociaux envers cette même société.

Nous nous hâtons d'indiquer, pour n'y plus revenir, que l'expression de notre article nouveau « sauf l'appli-« cation de l'article 2257 du Code civil pour les créances « *conditionnelles,* » nous paraît alors n'avoir aucun sens possible. Nous expliquons ainsi comment cette expression se trouve dans notre loi : le législateur au lieu de se référer simplement au texte de l'article 2257, l'a retracé en entier sans prévoir qu'une partie de ce texte était sans application.

D'autres personnes vont encore pouvoir se prévaloir de notre disposition transitoire ou plutôt de la modification qu'elle contient au principe de la rétroactivité. Nous avons dit à propos de l'article 3 (nouveau texte) que la prescription de deux ans visait non seulement l'action en versement, mais l'action en recours pour raison de versements effectués. C'est à cette action en recours que va s'appliquer notre disposition transitoire et nous aurons ainsi l'explication de ces mots qu'elle contient « sauf l'application de l'article 2257 du Code « civil pour les actions en garantie. »

Soit Primus souscripteur primitif : il a cédé son action à Secundus et Secundus l'a cédée à Tertius; Primus a été actionné en versement et a payé avant la loi nouvelle. Il est certain que son recours contre Secundus pourra être exercé pendant un délai de deux ans qui courront non du jour de l'éviction (art. 2257,

C. civ.), mais du jour de la promulgation de la loi nouvelle. Nous avons là un créancier antérieur à la loi nouvelle et un créancier de versements.

En modifiant légèrement l'hypothèse, nous allons voir intervenir la réserve faite par la loi au sujet de l'article 2257. Supposons les mêmes éléments d'espèce, seulement Primus n'a été actionné en versement et n'a payé que depuis la loi nouvelle. C'est seulement du jour de l'action dirigée contre lui et non du jour de la promulgation de la loi nouvelle que courra le délai de deux ans (application de l'art. 2257).

Une dernière difficulté.

Pour la comprendre, rappelons-nous d'une part que sous la législation de 1867, la conversion des actions nominatives en actions au porteur pouvait avoir lieu avant libération intégrale; de l'autre, que les sociétés par actions antérieures à la loi de 1893 conservent (art. 7) « la faculté qu'elles peuvent avoir de convertir « leurs actions en titres au porteur avant libération « intégrale. »

Pour la solution des points douteux que nous allons rencontrer, nous partons de cette idée, qui résulte invinciblement des travaux préparatoires, que la loi nouvelle a voulu améliorer, non empirer la situation des responsables en cas de transmission d'actions non libérées.

Soit une société antérieure à la loi de 1893 et qui n'a pas converti ses titres nominatifs en titres au porteur et par hypothèse ne les convertira pas (par exemple parce que les statuts constitutifs ne le permettent pas), alors la loi de 1893 s'applique *in terminis* avec, s'il est besoin, la restriction résultant de la disposition transitoire. Chaque cédant est libéré par deux ans à partir de la cession, pourvu que cette cession ne soit pas antérieure à la promulgation de la loi, parce qu'alors les deux ans ne courront que de la promulgation.

Soit une société antérieure à la loi de 1893 et ayant, antérieurement à cette loi, converti ses titres nominatifs en titres au porteur. La situation créée par la loi de 1867 ne sera pas touchée par la loi nouvelle. Décider le contraire serait aller contre l'esprit du législateur (la situation des différents titulaires successifs des actions se trouverait empirée) et méconnaître les termes de la loi de 1893, qui vise les actions nominatives des sociétés antérieures à 1893; en effet, dans l'espèce, il s'agit de titres au porteur.

Nota. — Il en serait de même que les actionnaires aient, en fait, usé ou non de la faculté de conversion. Dans l'esprit de la loi de 1867 les actionnaires sont tous traités de la même façon, qu'ils aient converti ou non. Tous les titres sont assimilés (V. *suprà*).

Soit une société antérieure à la loi de 1893. Elle convertit, comme elle en a le droit, mais postérieurement à la loi de 1893 et avant libération intégrale, ses titres nominatifs en actions au porteur. *Quid?*

Pour les cessionnaires postérieurs au vote de l'assemblée générale, autorisant la conversion et le porteur actuel, leur situation sera réglée par la loi de 1867. En effet, il ne s'agit pas de titres nominatifs, donc la loi de 1893 ne s'applique ni dans ses termes, ni dans son esprit; d'autre part, réserver la possibilité de convertir les titres d'après la loi de 1867 c'est, de la part du législateur de 1893, admettre cette conversion avec tous ses effets.

Pour le souscripteur primitif et les cessionnaires antérieurs au vote de l'assemblée générale, pour les placer sous l'empire de la loi de 1867, on peut reproduire le raisonnement précédent. D'un autre côté, ne pourrait-on pas dire, en sens inverse, que la loi de 1893 doit s'appliquer parce qu'il s'agit de titres nominatifs au moment de sa promulgation.

Pour concilier ces deux idées divergentes nous don-
nerons aux cessionnaires et au souscripteur dont s'agit
le droit d'invoquer soit l'ancien article 3, soit le nouveau, suivant leur intérêt. C'est une décision qui nous
paraît conforme à l'esprit de la loi de 1893.

Soit une cession émanée d'eux et antérieure au vote
de l'assemblée générale autorisant la conversion, alors
la libération se produira par deux ans à partir de la
cession. Mais si on suppose un cessionnaire, porteur du
titre au jour de l'assemblée générale, et qui aliène
ensuite son titre, il sera libéré par deux ans à compter
de la délibération de l'assemblée générale et non pas par
deux ans à partir de la cession.

On pourrait être tenté de faire une objection à une
des solutions que nous venons de donner dans la dernière hypothèse. Nous avons dit que le souscripteur
primitif (id. du cessionnaire) qui aliénerait son titre
avant le vote de l'assemblée générale autorisant la conversion, serait libéré par deux ans à compter de la cession et non par deux ans à compter du vote de l'assemblée générale. Il pourrait ainsi se trouver libéré avant
le vote de l'assemblée générale. Libérer ainsi le souscripteur primitif ou les cessionnaires antérieurs au vote
de l'assemblée générale n'est-ce pas aller contre la
volonté du législateur de 1867, qui tient à ce que ces
personnes restent encore pendant deux ans, à compter
de ce vote, dans les liens de leur ancienne responsabilité? Nous répondrons : si la loi de 1867 veut que le
souscripteur même qui a aliéné son titre reste pendant
deux ans dans les liens de l'ancienne responsabilité,
c'est pour empêcher que ce souscripteur n'aliène son
titre au profit d'un tiers complaisant qui voterait la
conversion à seule fin de le libérer de ses obligations de
versements. Mais ici ce calcul n'est plus à craindre. Le
souscripteur n'a pas besoin d'une semblable manœuvre,

puisqu'au bout de deux ans de la cession par lui consentie il est à l'abri de toute responsabilité. On voit donc que notre solution ne heurte pas du tout l'esprit de la loi de 1867.

Nous avons dit que notre disposition transitoire, comme la disposition du nouvel article 3 dernier alinéa, vise non seulement l'action en versement mais le recours pour raison de versements, les mêmes questions pourraient se poser. Évidemment des solutions analogues devront être données.

Nous appliquons toujours la même idée, à savoir que la loi nouvelle n'a pas voulu empirer la situation des responsables. D'où ils pourront se placer soit sous l'application de la loi nouvelle (avec l'atténuation à la rétroactivité résultant de la disposition transitoire), soit sous l'empire des règles de la loi de 1867 s'ils y trouvent plus d'avantages.

PARTIE DEUXIÈME.

DISPOSITION DE LA LOI RELATIVE AUX SOCIÉTÉS
A CAPITAL VARIABLE.

Notre loi nouvelle ne contient qu'une disposition relative aux sociétés à capital variable, l'article 71, ainsi conçu : « Dans l'article 50, § 1er (loi de 1867), sont sup-« primés les mots — ils ne pourront être inférieurs à « 50 francs. »

L'article 50, § 1er, fixait un minimum de faveur pour les actions des sociétés à capital variable. D'après les principes, le capital social initial de la société coopérative ne pouvant excéder 200,000 francs, le chiffre des actions aurait dû être de 100 francs. La décision de l'article 50, § 1er, s'inspirait de cette idée que notre société par son origine même s'adressant à la petite épargne, il fallait en ouvrir l'accès à la petite épargne par l'abaissement du minimum normal des actions. La loi de 1893 ayant abaissé d'une façon générale et considérable le chiffre des actions, il n'y avait aucune raison pour soustraire la société à capital variable à l'application des règles ordinaires. Le minimum de ses actions sera de 25 francs.

Notre loi nouvelle paraît n'avoir innové que très légèrement en ce qui concerne les sociétés à capital variable. Cependant il n'y a là qu'une apparence : voici ce qu'il faut se rappeler. D'après l'article 48 de la loi de 1867, les sociétés à capital variable sont soumises aux règles des sociétés à capital fixe similaires, à moins de dérogations formelles apportées par la loi. Il y a donc dans les principes dirigeants des sociétés à capital variable une partie spéciale et une partie commune avec les sociétés à capital fixe. La partie spéciale n'est touchée que par l'article 71, transcrit plus haut, qui fait rentrer la société à capital variable dans le droit commun. Mais la partie commune évidemment reçoit toutes les modifications de la loi de 1893, à moins d'un texte dérogatoire.

En partant de ces idées, parlant uniquement des dispositions déjà étudiées de la loi de 1893, nous arrivons à dire : l'article 1er de la loi de 1893 s'applique aux sociétés à capital variable sous réserve de l'article 51 de la loi de 1867 qui se contente pour la constitution de la société à capital variable du versement du dixième et encore du versement du dixième non pas sur chaque action mais sur le capital social tout entier, sans s'inquiéter de la quotité versée par chaque actionnaire.

L'article 2 de la loi de 1893 s'applique aussi, mais sous réserve de la disposition de l'article 50, alinéa 1er, de la loi de 1867, d'après lequel les actions des sociétés à capital variable ne peuvent jamais être mises au porteur, même après libération intégrale.

L'article 3 s'applique aussi à la société à capital variable. De même les articles 4, 5 de la loi de 1893 et l'article 68 ajouté à la loi de 1867. — Évidemment ce que nous avons dit de certains textes doit s'étendre aux dispositions transitoires qui s'y réfèrent.

Sur l'article 68 nouveau de la loi de 1893 une observation intéressante. Lorsque la société à capital variable se sera constituée postérieurement à la loi de 1893 sous la forme de la commandite ou de l'anonymat, il n'y aura aucun doute sur son caractère de société de commerce. Nous avons là une question aujourd'hui discutée et en partie tranchée par la loi nouvelle.

Il est à croire que les dispositions qui régissent les sociétés coopératives seront bientôt modifiées. En effet, un projet de loi sur ces sociétés est actuellement soumis aux délibérations des pouvoirs publics.

PARTIE TROISIÈME.

DISPOSITION DE LA LOI RELATIVE A TOUTE ESPÈCE DE SOCIÉTÉS COMMERCIALES.

~~~~~~~~~

Il s'agit de la constitution d'hypothèque au nom des sociétés.

Le nouvel article 69 (introduit par la loi de 1893) porte : « Il pourra être consenti hypothèque au nom de « toute société commerciale en vertu des pouvoirs résul- « tant de son acte de formation même sous seing privé, « ou des délibérations ou autorisations constatées dans « les formes réglées par ledit acte. L'acte d'hypothèque « sera passé en forme authentique, conformément à « l'article 2127 du Code civil. »

Pour saisir la portée de ce texte il faut se reporter à l'article 2127 du Code civil ainsi conçu : « L'hypothèque « conventionnelle ne peut être consentie que par acte « passé en forme authentique devant deux notaires ou « devant un notaire et deux témoins. » La jurisprudence combinant cet article avec le principe incontesté suivant lequel on doit observer pour le mandat les formes pres- crites pour l'acte que le mandat confère le pouvoir de faire, admet que le mandat pour constituer une hypo- thèque doit être donné par acte notarié. Cela étant, pre- mière question controversée avant la loi de 1893 ; lors- qu'un acte de société contient le pouvoir pour les gérants ou les administrateurs de constituer une hypothèque au nom de la société, l'acte de société peut-il être fait sous seing privé, ou doit-il être en forme authentique. Il paraît certain d'après ce que nous avons dit plus haut que la forme authentique est exigée.

Voici pourtant les arguments qu'on a fait valoir en sens contraire. On a dit : pour déterminer la forme d'un acte il faut s'attacher à son objet principal, abstraction faite des dispositions accessoires qu'il peut contenir. Or, l'objet principal de l'acte est la constitution de la société et le législateur n'exige pas la forme authentique pour l'acte social. La particularité que l'acte social contient le pouvoir d'hypothèquer qui *in se* devrait être en forme authentique, est sans intérêt. A l'appui de cet argument on cite l'article 1973 du Code civil, relatif à la constitution d'une rente viagère. « Elle (la rente viagère) peut « être constituée au profit d'un tiers, quoique le prix en « soit fourni par une autre personne. Dans ce dernier « cas, quoiqu'elle ait les caractères d'une libéralité, elle « n'est point assujettie aux formes requises pour les « donations; sauf les cas de réduction et de nullité « énoncés dans l'article 1970. » On fait valoir un autre argument d'analogie : la loi du 21 juin 1843 ne soumet pas le contrat de mariage à la nécessité de la présence effective du second notaire et des deux témoins; et la jurisprudence décide que le contrat de mariage même contenant des donations n'a pas besoin de cette présence effective, bien que la donation prise isolément soit soumise à cette exigence.

Il est facile de répondre à cette argumentation : que dans les deux cas dont s'agit, le législateur a exprimé formellement sa volonté soit dans un texte, soit dans les travaux préparatoires et qu'on ne peut inférer de là une règle générale qu'aucun texte ne pose expressément.

Il faut évidemment par identité de motifs, lorsque le

pouvoir d'hypothéquer résulte non des statuts mais d'une délibération des actionnaires prise dans le cours de la société, que cette délibération soit constatée par acte notarié.

La loi nouvelle rompt expressément avec notre opinion.

Pourquoi?

Voici ce que déclare, à ce sujet, le rapporteur à la Chambre des députés : « Il résulte de cette jurispru« dence non seulement une augmentation de frais, mais « encore des complications telles que, dans certaines « sociétés, il devient presqu'impossible de constituer « une hypothèque inattaquable. Une simplification est « réclamée depuis longtemps. »

Qu'on veuille bien remarquer que si le mandat dans l'hypothèse visée peut être contenu dans des actes sous seing privé, l'acte d'hypothèque n'en continue pas moins à devoir être passé en forme authentique.

Toujours, à propos de la constitution d'hypothèque au nom des sociétés, nous trouvons une seconde question controversée. Il arrive souvent que des actionnaires ne figurent pas en personne à une assemblée générale et donnent mandat de les représenter. On peut même remarquer, en passant, que cela se produira d'une façon tout à fait fréquente avec l'adjonction faite par la loi de 1893 à l'article 27 de la loi de 1867. En principe, rien n'oblige à ce que le mandat soit par acte authentique. Ne doit-il pas en être différemment, lorsqu'il s'agit d'une assemblée générale qui confère le pouvoir de constituer une hypothèque? La question est controversée. La Cour de cassation décide que l'authenticité des mandats des actionnaires n'est pas exigée (Cass., 23 déc. 1885, S. 1886, p. 1. p. 145). Elle s'appuie sur des inconvénients pratiques incontestables et sur le raisonnement suivant que nous empruntons textuellement à

un auteur. « La constitution d'hypothèque est faite par
« la société personne civile ; la volonté sociale est cons-
« tatée par devant notaires dès que la délibération de
« l'assemblée générale est passée en la forme notariée.
« Il n'y a pas lieu de se livrer à des recherches, afin
« d'examiner de quel élément cette volonté sociale se
« compose. »

Sans insister plus longtemps sur cette argumentation
qui nous paraît un peu spécieuse, disons que la loi nouvelle nous paraît consacrer définitivement, et par une
sorte d'*à fortiori*, l'opinion de la Cour de cassation.
Nous nous appuyons d'abord sur cette idée que l'article
69 nouveau, en ayant soin de nous déclarer : « L'acte
« d'hypothèque sera passé en forme authentique, con-
« formément à l'article 2127 du Code civil, » paraît
bien nous apprendre que tous actes préalables peuvent
être sous seing privé. Ensuite l'article 69 s'inspire des
inconvénients pratiques d'un système antérieur ; à ce
point de vue, le législateur de 1893 n'aurait accompli
que la moitié de sa tâche s'il n'avait pas tranché, dans
le sens que nous venons d'indiquer, les deux controverses relatées plus haut.

L'article 69 connu, voyons son champ d'application.

Il est beaucoup plus large que les différents textes
que nous avons rencontrés jusqu'à présent. Il vise toute
société commerciale et non seulement les sociétés en
commandite ou anonymes. Cela nous paraît résulter des
termes initiaux du texte. « Il pourra être consenti hypo-
« thèque au nom de toute société commerciale....., »
qui deviennent tout particulièrement démonstratifs, lorsqu'on les compare avec l'article 68 qui prévoit *in terminis* une société en commandite ou anonyme.

L'article 69 s'applique et aux sociétés postérieures et
aux sociétés antérieures à la loi de 1893. Il n'y aurait,
du reste, aucune raison de distinguer. Seulement, bien

évidemment, il faut qu'il s'agisse d'une constitution d'hypothèque postérieure à la loi nouvelle; une constitution antérieure ne pourrait être validée rétroactivement par notre article 69. De même que l'on dit : « *Locus regit actum,* » on peut dire : « *Tempus regit* « *actum.* » Le futur qu'emploie l'article 69 est, du reste, démonstratif en notre sens. « Il *pourra* être consenti « hypothèque ..... »

Quid des pouvoirs sous seing privé antérieurs à la loi de 1893? Ne pourrait-on pas inférer du caractère particulier du mandat qui se renouvelle en quelque sorte à chaque instant par la volonté du mandant (arg. de l'art. 2003, C. civ.), que des pouvoirs sous seing privé antérieurs à la loi de 1893 permettraient de consentir valablement postérieurement à cette loi une hypothèque au nom de la société? Nous croyons cependant que l'opinion contraire est plus sûre. Ce mandat invalide *ab initio* nous paraît ne pouvoir être validé par la loi de 1893.

Pour les sociétés civiles l'article 69, par argument *a contrario,* ne saurait s'appliquer.

Quid cependant des sociétés civiles à formes commerciales? Il en existe encore malgré l'innovation de l'article 68 (V. *suprà*). D'abord toutes les sociétés à formes commerciales antérieures à la loi de 1893, puis la société en nom collectif à objet civil même postérieure à la loi nouvelle. La question que nous indiquons revient à se demander si les sociétés civiles à formes commerciales sont soumises pour leur constitution et leur fonctionnement aux dispositions de la loi de 1867. Si oui, l'article 69 qui fait dorénavant partie de cette loi, s'appliquera. Si non, non.

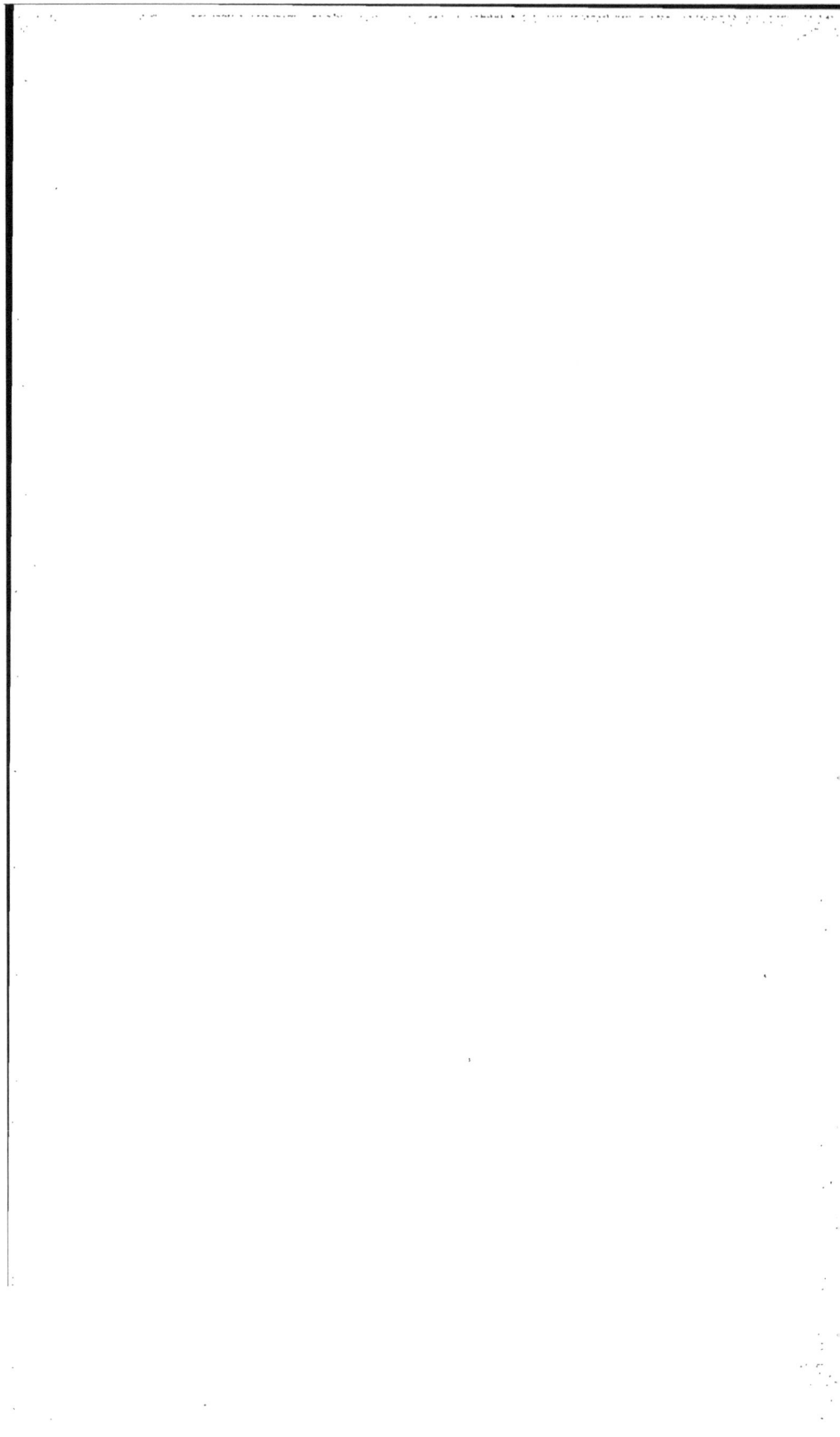

PARTIE QUATRIÈME.

DISPOSITION RELATIVE A TOUTE ESPÈCE DE SOCIÉTÉS
(CIVILES OU COMMERCIALES).

~~~~~~~~~~~

L'article 70 nouveau déclare : « Dans les cas où les
« sociétés ont continué à payer les intérêts ou dividendes
« des actions, obligations ou tous autres titres rembour-
« sables par suite d'un tirage au sort, elles ne peuvent
« répéter ces sommes lorsque le titre est présenté au
« remboursement. »

Cet article est encore dû à un amendement de
M. Poirrier. La commission du Sénat l'avait repoussé
brièvement et dédaigneusement de la façon suivante :
« Votre commission a rejeté cette disposition addition-
« nelle, qui ne lui a pas paru conforme à l'équité. Si
« une société, par l'inadvertance de ses employés, a payé
« des intérêts, des dividendes qui n'étaient pas dûs, on
« ne comprendrait pas qu'elle ne pût, conformément au
« droit commun, les répéter contre celui qui les aurait
« reçus » (art. 1235, C. civ.).

La question cependant était intéressante et fort discutée avant la loi nouvelle. Abordons cette discussion.

L'hypothèse est fort simple :

Un tirage au sort désigne pour le remboursement un
titre d'une société. Il est évident que l'obligataire ou
l'actionnaire doit toucher le capital à l'époque fixée.

S'il est payé, il est évident qu'il ne peut plus être question d'intérêts ou de dividendes. Mais il peut arriver que le titulaire du titre (surtout pour les titres au porteur) ne se présente pas au remboursement et que le paiement des intérêts et dividendes continue pendant un certain temps. Lorsque le titre est présenté enfin au remboursement, la société peut-elle déduire les intérêts et dividendes qu'elle a payés, ce qui arriverait le cas échéant, jusqu'à lui permettre de ne rien payer sur le titre et même de constituer l'ex-actionnaire ou obligataire débiteur de la société?

La jurisprudence avant la loi de 1893 (nous nous plaçons évidemment avant cette loi) admettait la prétention des sociétés. Voici les arguments qu'elle invoquait en sa faveur.

Les intérêts et dividendes cessent par le tirage au sort. S'ils sont payés, c'est le résultat d'une erreur; le paiement par erreur donne lieu à la répétition de l'indu.

On dit encore : Aucune stipulation n'a admis, il est vrai, la cessation des intérêts, mais l'intention évidente des parties est en ce sens. En effet, la société compte sur une extinction graduelle chaque année des intérêts et dividendes à servir et c'est d'après cette extinction graduelle calculée à l'avance qu'elle fixe le nombre des actions ou obligations qui seront amorties annuellement. Le calcul de la société va donc se trouver en défaut? Bien plus, va-t-il falloir que la société conserve dans sa caisse et indisponible une somme quelquefois considérable pour rembourser à première réquisition les actionnaires et obligataires en retard qui se présenteraient au remboursement.

Enfin l'actionnaire et l'obligataire n'est-il pas bien coupable? Il devait vérifier avec soin les listes de tirages.

Nous croyons que ces arguments ne portent pas.

En fait, qui est le plus coupable lorsqu'il y a paiement des intérêts ou dividendes d'un titre sorti au tirage au sort? Qui peut le mieux vérifier les tirages, l'actionnaire ou la société? Evidemment la société; que n'a-t-elle refusé de payer les intérêts ou dividendes? Donc, *à priori*, il résulte que le débat entre la société et l'actionnaire ou obligataire ne doit pas tourner à l'avantage de la société, qui est le plus coupable des deux.

D'autre part, le paiement valable des intérêts et dividendes fait-il plus de tort à la société que la répétition de ces mêmes intérêts ou dividendes ne causerait de dommage à l'actionnaire ou à l'obligataire? Sur ce point le doute n'est pas possible. Les revenus servant à vivre, l'actionnaire ou obligataire touchant ses intérêts et dividendes les a dépensés au jour le jour et vous allez lui apprendre qu'en croyant dépenser ses revenus il a dépensé une partie de son capital. Quel préjudice pour lui! Déclarer le paiement des intérêts valable, est-ce causer un grand préjudice aux sociétés; la société paie les intérêts, mais elle a la jouissance du capital : elle ne le garde pas improductif. Il n'est pas à redouter que les sociétés soient, comme on l'allègue, prises au dépourvu par l'obligation de rembourser tardivement les titres sortis au sort. Les actionnaires, dans la situation que nous étudions, de même les obligataires ne sont pas très nombreux et les sociétés ont des disponibles suffisants pour faire honneur aux demandes de remboursement. Ne peut-on pas ajouter que l'opinion que nous combattons n'est guère conforme à l'intention du législateur telle qu'elle résulte de l'article 10 de la loi de 1867 sur les dividendes fictifs. Dans un débat où l'actionnaire court un risque à peu près analogue à celui que nous venons de signaler, la loi se décide pour l'actionnaire. Ne doit-il pas en être de même ici?

Mais serrant la question de plus près et se plaçant sur

le terrain des textes, on dit qu'il y a indu et par conséquent action en répétition de l'indu.

Nous déclarons : quand un prêt est productif d'intérêts la seule arrivée du terme fixé pour le remboursement ne fait pas cesser le cours des intérêts. Ces intérêts ne sont donc pas indus. Ici même, il y a quelque chose de plus qui milite en faveur de l'obligataire, c'est que le terme n'est pas fixe; tout dépend du résultat d'un tirage au sort, résultat que, par hypothèse, l'obligataire ignore sans quoi il aurait présenté son titre au remboursement. Un raisonnement du même genre pourrait être fait pour l'action.

On objecte qu'il y a une clause tacite que les intérêts doivent cesser de courir dès que le titre est sorti au tirage, mais il y a là une simple supposition; d'un autre côté, il y aurait à se demander (et c'est un point que nous allons rencontrer tout à l'heure si même une stipulation expresse permettrait d'un façon absolue à la société de retenir les intérêts et dividendes qu'elle a payés?

Nous croyons donc que la jurisprudence antérieure à 1893 faisait fausse route. Quoi qu'il en soit, la loi de 1893 est intervenue, a condamné cette jurisprudence et s'est prononcée pour la seule opinion qui nous paraisse exacte.

Il n'y a pas à insister sur la raison d'être de notre nouvelle disposition, mais il faut citer une critique que lui adressait dans le courant de la discussion le commissaire du gouvernement. D'accord avec M. Poirrier sur la disposition même, M. le Commissaire du gouvernement déclare que, telle quelle, elle ne produira pas les résultats qu'on peut en attendre. « Lorsqu'on présente à « l'encaissement des coupons d'actions ou d'obligations « et qu'on dresse, avant de toucher, un bordereau réca- « pitulatif des coupons qu'on va présenter au guichet,

« inévitablement, dans tous les établissements de crédit
« qui font le service des coupons d'actions ou d'obliga-
« tions, se trouve sur le bordereau que le créancier
« remplit et signe cette mention expresse :

« Je déclare avoir pris connaissance des listes de
« tirage et je m'engage à rembourser les intérêts qui
« m'auraient été payés indûment. »

« Il y a là, Messieurs, un accord, et permettez-moi
« de vous dire que, si vous vouliez arriver à un résultat
« utile, il faudrait ajouter à l'amendement de M. Poir-
« rier ces mots : « nonobstant toute stipulation con-
« traire. » Or, pour ajouter au texte de la loi les mots
« qui prohiberaient toute stipulation contraire, il fau-
« drait reconnaître à cette stipulation le caractère d'une
« stipulation contraire aux lois ou aux bonnes mœurs.

« En effet, il y a un principe inscrit dans l'article 6
« du Code civil ; c'est qu'il n'est pas permis de déroger
« par des conventions particulières aux lois qui inté-
« ressent l'ordre public et les bonnes mœurs; mais on
« peut déroger par une convention particulière à toutes
« les autres. Je mets en fait qu'il est absolument im-
« possible d'affirmer que la stipulation que je vous si-
« gnale présente un caractère permettant de l'exclure
« et de la déclarer illicite.

« Si vous ne vous reconnaissez pas le droit de pros-
« crire cette stipulation, comme elle deviendra pour
« ainsi dire de style, l'amendement qui vous est pré-
« senté ne produira aucune espèce d'effet. »

Que faut-il penser de cette objection? Il est certain
que la règle de l'article 70 n'ayant pas, dans le silence
de la loi, le caractère d'ordre public, une convention
peut être faite pour paralyser l'innovation de l'article
70. Quelle sera la force de cette convention? Faut-il
la légitimer absolument?

On peut remarquer que la question se posait dès avant la loi de 1893, se pose aujourd'hui dans les mêmes termes et doit recevoir la même solution. Il y avait, en effet, deux aspects de la difficulté relative aux intérêts et dividendes payés depuis le tirage au sort; on pouvait distinguer suivant qu'aucune stipulation n'avait été faite à ce sujet (hypothèse déjà vue), ou qu'au contraire, il y avait stipulation expresse.

La jurisprudence admettait la validité de la clause. N'y aurait-il pas eu lieu d'établir une restriction à cette théorie? Lorsque le paiement des coupons et dividendes s'est continué pendant un certain temps, la faute de la société, de légère devient lourde. Si elle est accompagnée de mauvaise foi, si, comme on l'a quelquefois prétendu, la société ne s'est livrée à aucune vérification pour réaliser ainsi un gain, la faute se change en dol. Peut-on, par une stipulation, se mettre à l'abri de toute faute. Ne faudrait-il pas appliquer le principe incontesté emprunté à une loi romaine (L. 27, § 3, Dig., liv. 2, t. XIV) et d'après lequel on ne pourrait, par une convention, se mettre à l'abri de son dol et de sa faute lourde (assimilable au dol)?

Cette restriction nous paraîtrait bonne à apporter au système de la jurisprudence. Quoi qu'il en soit, il est bon de remarquer que le législateur de 1893 aurait dû donner une force d'ordre public à sa disposition et que, dans l'état actuel des choses, les résultats heureux de son innovation sont plus que compromis.

Les critiques que l'on peut, du reste, adresser à la disposition nouvelle sont assez nombreuses.

Il n'est pas douteux que notre article s'applique à toute valeur émise par les sociétés et qu'il n'y a pas à distinguer suivant que la société est civile ou commerciale ni suivant la forme de la société.

Mais, comme on l'a fait remarquer fort justement,

il y a des valeurs qui s'amortissent par des tirages au sort et qui sont émises, non par des sociétés, mais par des villes, des départements, l'État. *Quid?* Il est certain que la loi nouvelle ne s'applique pas sur ce point. Mais le législateur marque sa volonté. Il a entendu condamner l'ancienne jurisprudence. S'il ne parle que des sociétés, c'est qu'il faisait une loi sur les sociétés. Maintenant, il ne faut pas se dissimuler que sans violer la loi, la jurisprudence pourrait, pour les cas non visés par l'article 70, maintenir ses anciens errements, mais elle irait, croyons-nous, contre l'intention certaine du législateur.

On peut encore regretter que la disposition de l'article 70 ne s'applique pas aux titres étrangers. C'est surtout pour ces titres que le besoin de l'innovation se faisait sentir.

Pour terminer notre étude, nous avons à nous poser une question transitoire. Le législateur de 1893 est muet à cet égard. Trois situations distinctes. Soit un tirage au sort postérieur à la loi de 1893. Il n'est pas douteux que l'article 70 s'applique. Soit un tirage au sort antérieur à la loi de 1893. Le titre a été présenté au remboursement tardivement mais avant la loi de 1893 et la société a répété les dividendes et intérêts. Pourrait-on se fonder sur la disposition de l'article 70 pour faire restituer à la société ces intérêts et dividendes? Il nous semble certain que non. Tout est terminé; les sommes dont s'agit sont entrées dans le patrimoine de la société qui ne peut en être privée sans dérogation au principe de la non-rétroactivité des lois (art. 2, C. civ.).

Soit enfin un tirage au sort, antérieur à la loi de 1893. Le titre est présenté au remboursement après la loi de 1893, mais des dividendes payés les uns se placent avant, les autres après la loi nouvelle. Pour les intérêts et dividendes payés après la loi de 1893, il n'y a aucun doute. La société ne peut les retenir. *Quid* des dividendes payés antérieurement? La société ne pourrait-elle pas les retenir et dire : il y a eu réception de l'indu, donc, obligation née à mon profit, donc, droit acquis dont je ne dois pas être privée? (art. 2, C. civ.).

Nous croyons que la prétention de la société devrait être repoussée. Il n'y aurait droit acquis que s'il y avait réception de l'indu, mais précisément le point de savoir s'il y avait dans le cas réception de l'indu n'était pas tranché par la loi, mais par la jurisprudence. Il n'y avait qu'une opinion très assise de la jurisprudence. L'article 2 n'a donc rien à faire ici.

Il nous est facile, à la fin de ce commentaire, de porter un jugement raisonné sur la loi nouvelle. Ses dispositions fort importantes au point de vue pratique et théorique ne méritent pas toutes une égale approbation. Chemin faisant, nous n'avons pas ménagé les critiques; nous avons signalé certaines lacunes. Nous pourrions aussi regretter que le législateur de 1893 ne se soit pas occupé des sociétés étrangères et n'ait voté aucune disposition sur les droits des obligataires (le projet du Sénat de 1884 à ce double point de vue était beaucoup plus complet). Mais pour être justes, nous devons nous souvenir que le législateur de 1893 (il l'a dit lui-même), s'est simplement proposé d'écrire « la préface de la ré- « forme générale des sociétés, » et nous devons compter sur l'avenir.

TEXTE
DE LA LOI DE 1893.

TEXTE
DE LA LOI DE 1867.

Art. 1er. Les §§ 1 et 2 de l'article 1 de la loi du 24 juillet 1867, sont modifiés comme suit :

« § 1. Les sociétés en commandite ne peuvent diviser leur capital en actions ou coupures d'actions de moins de 25 fr. lorsque le capital n'excède pas 200,000 fr., de moins de 100 fr. lorsque le capital est supérieur à 200,000 fr. » (page 46).

« § 2. Elles ne peuvent être définitivement constituées qu'après la souscription de la totalité du capital et le versement en espèces (page 57), par chaque actionnaire, du montant des actions ou coupons d'actions souscrites par lui, lorsqu'elles n'excèdent pas 25 fr. et du quart au moins des actions lorsqu'elles sont de 100 fr. et au-dessus » (page 60).

Art. 2. L'article 3 est modifié comme suit :

« *Art. 3.* Les actions sont nominatives jusqu'à leur entière libération (page 58).

Art. 1er. Les sociétés en commandite ne peuvent diviser leur capital en actions ou coupons d'actions de moins de 100 fr. lorsque ce capital n'excède pas 200,000 fr., et de moins de 500 fr. lorsqu'il est supérieur.

Elles ne peuvent être définitivement constituées qu'après la souscription de la totalité du capital social, et le versement par chaque actionnaire du quart au moins du montant des actions par lui souscrites.

. . . .

Art. 3. Il peut être stipulé, mais seulement par les statuts constitutifs de la société, que

Texte de la loi de 1893 (suite).

Les actions représentant des apports devront toujours être intégralement libérées au moment de la constitution de la société (page 67).

Ces actions ne peuvent être détachées de la souche et ne sont négociables que deux ans après la constitution définitive de la société (page 133).

Pendant ce temps, elles devront, à la diligence des administrateurs être frappées d'un timbre indiquant leur nature et la date de cette constitution (page 133).

Les titulaires, les cessionnaires intermédiaires et les souscripteurs sont tenus solidairement du montant de l'action (page 165).

Tout souscripteur ou actionnaire qui a cédé son titre cesse, deux ans après la cession, d'être responsable des versements non encore appelés (page 165).

Art. 3. A l'article 8 sont ajoutées les dispositions suivantes :

Texte de la loi de 1867 (suite).

les actions ou coupons d'actions pourront, après avoir été libérés de moitié, être convertis en actions au porteur par délibération de l'assemblée générale. Soit que les actions restent nominatives après cette délibération, soit qu'elles aient été converties en actions au porteur, les souscripteurs primitifs qui ont aliéné les actions et ceux auxquels ils les ont cédées avant le versement de moitié restent tenus au paiement du montant de leurs actions pendant un délai de deux ans, à partir de la délibération de l'assemblée générale.

Art. 8. Lorsque la société est annulée aux termes de l'article précédent, les membres du premier conseil de surveillance peuvent être déclarés responsables avec le gérant, du dommage, résul-

Texte de la loi de 1893 (suite).

Texte de la loi de 1867 (suite).

tant pour la société ou pour les tiers, de l'annulation de la société. — La même responsabilité peut être prononcée contre ceux des associés dont les apports ou les avantages n'auraient pas été vérifiés et approuvés conformément à l'article 4 ci-dessus.

« L'action en nullité de la société ou des actes et délibérations postérieurs à sa constitution n'est plus recevable lorsque, avant l'introduction de la demande la cause de nullité a cessé d'exister (page 70). L'action en responsabilité, pour les faits dont la nullité résultait, cesse également d'être recevable lorsque, avant l'introduction de la demande, la cause de nullité a cessé d'exister, et, en outre, que trois ans se sont écoulés depuis le jour où la nullité était encourue (page 97).

Si, pour couvrir la nullité, une assemblée générale devait être convoquée, l'action en nullité ne sera plus recevable à partir de la date de la convocation régulière de cette assemblée (page 81).

Ces actions en nullité contre les actes constitutifs des sociétés sont prescrites par dix ans (page 82).

Texte de la loi de 1893 (suite).   *Texte de la loi de 1867* (suite).

Cette prescription ne pourra toutefois être opposée avant l'expiration des dix années qui suivront la promulgation de la présente loi (page 82).

Art. 4. Au § 1er de l'article 27 est ajouté ce qui suit :

Art. 27. Il est tenu, chaque année au moins, une assemblée générale à l'époque fixée par les statuts. Les statuts déterminent le nombre d'actions qu'il est nécessaire de posséder, soit à titre de propriétaire, soit à titre de mandataire pour être admis dans l'assemblée, et le nombre de voix appartenant à chaque actionnaire, eu égard au nombre d'actions dont il est porteur.

« Tous propriétaires d'un nombre d'actions inférieur à celui déterminé pour être admis dans l'assemblée pourront se réunir pour former le nombre nécessaire et se faire représenter par l'un d'eux » (page 111).

. . . .

Art. 5. Dans le § 1 de l'article 42 aux mots : « Responsables solidairement envers « les tiers, sans préjudice du « droit des actionnaires, » sont substitués les termes suivants : « Responsables soli- « dairement envers les tiers « et les actionnaires du dom-

Art. 42. Lorsque la nullité de la société ou des actes et délibérations a été prononcée aux termes de l'article précédent, les fondateurs auxquels la nullité est imputable et les administrateurs en fonctions au moment où elle a été encourue, sont responsables so-

Texte de la loi de 1893 (suite).

« mage résultant de cette an-
« nulation » (page 107).

Au même article est ajouté
le paragraphe suivant :

« L'action en nullité (page
79) et celle en responsabilité
en résultant sont soumises aux
dispositions de l'article 8 ci-
dessus » (page 97).

Texte de la loi de 1867 (suite).

lidairement, envers les tiers
sans préjudice des droits des
actionnaires. — La même responsabilité solidaire peut être
prononcée contre ceux des associés dont les apports ou les
avantages n'auraient pas été
vérifiés et approuvés conformément à l'article 24.

Texte de la loi de 1893 (suite).

Art. 6. Sont ajoutées à la loi les dispositions suivantes :

DISPOSITIONS DIVERSES.

Art. 68. Quel que soit leur objet, les sociétés en commandite
ou anonymes qui seront constituées dans les formes du Code
de commerce ou de la présente loi seront commerciales et
soumises aux lois et usages du commerce (page 15).

Art. 69. Il pourra être consenti hypothèque au nom de
toute société commerciale en vertu des pouvoirs résultant
de son acte de formation même sous seing privé, ou des
délibérations ou autorisations constatées dans les formes
réglées par ledit acte. L'acte d'hypothèque sera passé en
forme authentique conformément à l'article 2127 du Code
civil (page 181).

Art. 70. Dans les cas où les sociétés ont continué à payer
les intérêts ou dividendes des actions, obligations ou tous

autres titres remboursables par suite d'un tirage au sort, elles ne peuvent répéter ces sommes lorsque le titre est présenté au remboursement (page 187).

Art. 71. Dans l'article 50, § 1er, sont supprimés les mots : « Ils ne pourront être inférieurs à 50 francs » (page 177).

DISPOSITIONS TRANSITOIRES.

Art. 7. Pour les sociétés par actions en commandite ou anonymes déjà existantes, sans distinction entre celles antérieures à la loi du 24 juillet 1867 et celles postérieures, il n'est pas dérogé à la faculté qu'elles peuvent avoir de convertir leurs actions en titres au porteur avant libération intégrale (page 73).

Quant aux actions nominatives des mêmes sociétés, les deux ans après lesquels tout souscripteur ou actionnaire qui a cédé son titre cesse d'être responsable des versements non appelés ne courront, à l'égard des créanciers antérieurs à la présente loi, qu'à partir de l'entrée en vigueur de la loi, et sauf application de l'article 2257 du Code civil pour les créances conditionnelles ou à terme et les actions en garantie (page 169).

Les dispositions de l'article 8 et celles de l'article 42 s'appliquent aux sociétés déjà constituées sous l'empire de la loi du 24 juillet 1867 (pages 83 et 102).

Dans les mêmes sociétés, l'action en nullité résultant des articles 7 et 41 ne sera plus recevable si les causes de nullité ont cessé d'exister au moment de la présente loi (page 83).

En tous cas, l'action en responsabilité pour les faits dont la nullité résultait ne cessera d'être recevable que trois ans après la présente loi (page 102).

Les sociétés civiles actuellement constituées sous d'autres formes pourront, si leurs statuts ne s'y opposent pas, se transformer en sociétés en commandite ou en sociétés anonymes par décision d'une assemblée générale spécialement convoquée et réunissant les conditions tant de l'acte social que de l'article 31 ci-dessus (page 32).

TABLE DES MATIÈRES.

---

§ 2. Fonctionnement des sociétés par actions.

BAR-LE-DUC, IMPRIMERIE CONTANT-LAGUERRE.

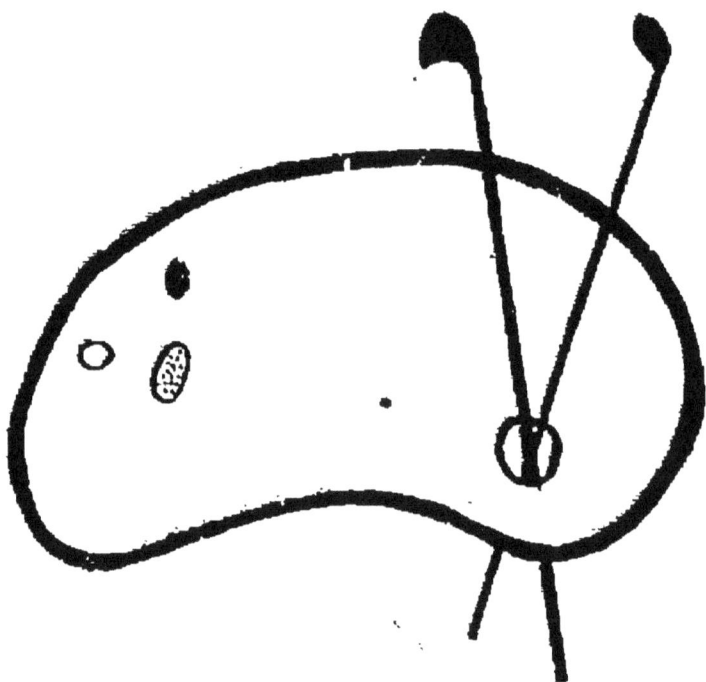

ORIGINAL EN COULEUR
NF Z 43-120-8

BIBLIOTHEQUE

NATIONALE

CHATEAU
de
SABLE

1994

www.ingramcontent.com/pod-product-compliance
Lightning Source LLC
Chambersburg PA
CBHW070517200326
41519CB00013B/2830